Susi Regalino

Geheimrezept
Eigenverantwortung

Stark durch bewusstes Leben

www.novumverlag.com

Bibliografische Information
der Deutschen Nationalbibliothek:

Die Deutsche Nationalbibliothek
verzeichnet diese Publikation in
der Deutschen Nationalbibliografie.
Detaillierte bibliografische Daten
sind im Internet über
http://www.d-nb.de abrufbar.

Alle Rechte der Verbreitung,
auch durch Film, Funk und Fernsehen,
fotomechanische Wiedergabe,
Tonträger, elektronische Datenträger
und auszugsweisen Nachdruck,
sind vorbehalten.

© 2021 novum Verlag

ISBN 978-3-99107-963-7
Lektorat: Laura Oberdorfer
Umschlagfotos: Susi Regalino,
Kanawat | Dreamstime.com
Umschlaggestaltung, Layout & Satz:
novum Verlag
Autorenfoto: Susi Regalino

Gedruckt in der Europäischen Union
auf umweltfreundlichem, chlor- und
säurefrei gebleichtem Papier.

www.novumverlag.com

Dies ist für all jene geschrieben, die auch die zutiefst reale Seite der wahren Spiritualität nicht scheuen und bereit sind, sich ganz auf sich selbst einzulassen.
Für Menschen, die Interesse daran haben, IHREM Sinn des Lebens zu begegnen und möglicherweise dadurch ihr Leben neu gestalten. Egal, welche Außeneinflüsse gerade stattfinden.

INHALTSVERZEICHNIS

Vorwort 9

1. Kapitel
Ein Blick hinter die Kulissen 11

2. Kapitel
Abenteuer Leben 16

3. Kapitel
Seelenheil erlangen 25
LOMI LOMI NUI –
Traditionelle hawaiianische Massage und Körperarbeit 27
Energetische Fußzonenbehandlung 27
KAHI LOA 28
PANTHA JAMA (Kräuterstempel) 28
Aromatherapie 29
Lichttherapie 29

4. Kapitel
Spiritualität ist NICHT gleich Esoterik 31

5. Kapitel
Traumabewältigung auf spirituellem Weg 33

6. Kapitel
Über die Wichtigkeit der Qualität unserer ersten gelebten Liebe 36

7. Kapitel
Burnout als Chance 40

8. Kapitel
**Der hohe Preis des neuen
Gesellschaftssystems** 42

9. Kapitel
Die Kinder der neuen Zeit verstehen 45

10. Kapitel
**Sind Menschen von Natur aus süchtig? Folgen
Sucht und Genuss dem gleichen Inneren Wunsch?** ... 56

11. Kapitel
Immer gut drauf? Wie unreal! 60

12. Kapitel
Advent, Advent, die Seele brennt 63

13. Kapitel
**Die wilde Frau
die Ur-Frau in uns** 66

14. Kapitel
**Die Folgen der hochtechnisierten und
digitalisierten Welt Nützliches und Schädliches** 77

Schlusswort 84

Quellennachweis 85

VORWORT

Mein Lebenslauf liest sich wie ein Abenteuerroman. Sowohl beruflich als auch privat.

Von frühester Kindheit an hat schon immer nahezu alles mein Interesse geweckt. Ich wollte so viel Verschiedenes wie möglich lernen, mich kreativ austoben, so viele Kulturen wie möglich richtig verstehen und die Seele eines Menschen hat besonders mein Interesse geweckt.

Schon früh fiel mir auf, dass die Augen bei Menschen oft etwas ganz anderes sagen, als ihr Mund spricht.

In den letzten Jahren trieb mich meine berufliche Laufbahn immer mehr in die naturheilkundliche und beratende Ecke.

Ich würde es gar nicht Beruf nennen, sondern eher Berufung.

Denn die spirituelle Weisheit der Urvölker und ihre Weltanschauung haben mich schon immer interessiert. Und den, nennen wir's mal sechsten und siebenten Sinn, habe ich auch schon von Geburt an.

Aber Geld verdienen wollte ich damit nie. Doch das Universum hatte, so scheint's, andere Pläne. Und so wurde meine Berufung zu meinem Beruf.

Warum ich dieses Buch schreibe:

Meine jahrelange Arbeit als Spiritcoach, Mentaltrainerin und Naturheiltherapeutin hat mich dazu bewogen, dies zu schreiben.

Dieses Buch ist den Menschen gewidmet, die ihr Leben selbstbestimmt leben wollen, klar sehen wollen und sich nicht davor scheuen, auch sich selbst und ihre Handlungen objektiv zu betrachten. Ich werde in diesem Buch auch immer wieder kleine Anekdoten aus meinem Leben erzählen. Sie sollen Beispiele geben, dass einem immer wieder Dinge widerfahren, die den Horizont erweitern. Das Leben ist ein Abenteuer. Man lernt nie aus. Lassen wir uns drauf ein.

Wir aus den „hochentwickelten" Industriestaaten leben in einer Welt des Burnouts, der Überforderung, der Unzufriedenheit, der Aggressivität, des Hasses, der Verbitterung, der Angst und der Sinnlosigkeit. Natürlich nicht alle. Aber ein erschreckend schnell wachsender Anteil der Bevölkerung.

Inmitten der Fülle verarmt eine immer größer werdende Zahl an Menschen sowohl geistig, psychisch, physisch als auch materiell.

Das muss jedoch nicht sein.

Wir können die Dinge auch einmal von einer anderen Seite betrachten, als uns von der Umgebung eingeimpft wird und unser Leben wird sich positiv verändern.

In diesem Sinne:
„Viel Spaß beim Lesen!"

1. Kapitel

EIN BLICK HINTER DIE KULISSEN

Wie schon seit Jahrhunderten, wenn die Zeiten schlecht sind und die Unzufriedenheit der Menschen steigt, haben die Wahrsager, Kartenleger, Hellseher und die Spirituosenläden Hochkonjunktur. In so einer Phase befinden wir uns gerade.

Doch etwas hat sich noch einmal zum Schlechteren verändert. Es sind nicht nur die oben genannten Berufssparten, sondern auch noch die Ärzte und Psychotherapeuten und die Pharmaindustrie, die aus dieser Misere heraus ihr Geld verdienen.

Ich bin mittlerweile neben meiner Praxistätigkeit selbst seit Jahren zu einem Teil meiner Arbeit in der telefonischen Lebensberatung tätig.

Eigentlich war es mehr die telefonische Lebensberatung, die mich dazu bewog, dies alles hier zu schreiben. Denn es ist eine Katastrophe, in welchem Elend, egal ob materiell oder psychisch, sich eine erhebliche Anzahl der Menschen befindet. Und es ist noch eine viel größere Katastrophe, welch Geldmacherei und Schindluder mit diesem Elend getrieben wird. Ich würde es eigentlich schon als höchst kriminell bezeichnen. Sowohl im politischen als auch im esoterischen Bereich.

Doch eines nach dem anderen. Bleiben wir einmal bei der gerade so dermaßen in Mode geratenen Esoterik.

Esoterik hat für mich schon lange nichts mehr mit spirituellem Wissen zu tun. Wohl gemerkt, ich möchte hier nicht alle in einen Topf werfen, aber ich spreche hier von einer erheblichen Anzahl der unter diesem Deckmantel Arbeitenden.

Ich werde Ihnen im Laufe dieses Buches ein paar Beispiele nennen.

Ich arbeite auf einer Line, die vorwiegend aus Medien, Kartenlegern und Hellsehern besteht. Jedoch gibt es auch Psychologen und Berater, die so arbeiten wie ich. Ich möchte den Menschen nicht ihre Zukunft vorhersagen, sondern ihnen aus ihrer Ausweglosigkeit helfen. Denn nahezu JEDER hat seine Zukunft selbst in der Hand. Und dazu stehe ich felsenfest. Ich möchte ihnen das Wissen um die universellen Gesetzmäßigkeiten näherbringen und sie somit zu der daraus folgenden, inneren Zufriedenheit führen. Doch dies in Form einer Telefonberatung zu bewerkstelligen, ist gar nicht so einfach.

Denn es wird einem sowohl vonseiten der Betreiber als auch von Seiten der Kunden sehr, sehr schwer gemacht.

Eine Beratung hat meiner Meinung nach den Zweck, sich in einer ausweglosen oder problematischen Situation wieder einen Überblick zu schaffen und einen Weg in eine schöne Zukunft zu finden. Ja. Eine Beratung hat ihren Preis. Das ist wohl wahr. Aber auch das ist Ansichtssache. Denn oftmals genügen 3-4 oder bei manchen Menschen sogar ein Gespräch, und das Leben ist wieder lebenswert und man sieht voll Freude in die Zukunft und geht seinen Weg, weil man etwas erkannt hat.

So gesehen ist es also nicht teuer.

Allerdings benützen die wenigsten Anrufer ihr Geld für diese Zwecke.

Da werden tausende Euro, und ich meine da wirklich die unglaubliche Summe von tausenden, vertelefoniert, um zig Berater anzurufen und zu fragen, ob der Herzensmann schon die SMS gelesen hat und was er darüber gedacht hat. Eigentlich wäre es unsere Pflicht, in der Sekunde zu sagen, dass darauf eine seriöse Antwort zu geben unmöglich ist. Ich tue das auch, aber immer sofort wie aus der Pistole geschossen. Die meisten legen dann gleich wieder auf. Doch einige tun das nicht. Und da beginnt dann die Beratung. Man spricht darüber, warum die Anruferin gerade diesen Mann auserwählt hat, obwohl sie sich ja offensichtlich seiner Liebe nicht sicher ist und so weiter.

Am Ende des Gespräches merkt man dann, dass die Kundin ruhiger ist, ihre Situation auch von außen betrachtet und auch hinterfragt. So etwas ist für mich sinnvoll.

Jedoch können Kunden uns auch (für alle ersichtlich) bewerten. Das ist einerseits gut, aber andererseits auch fatal. Denn manches Mal, wenn man sieht, dass jemand mit Karacho in eine Sackgasse rennt, muss man es dem- oder derjenigen sagen und nicht zusehen. Das ist unsere Verpflichtung.

Zumindest sehe ich das so.

Doch hören will der- oder diejenige dies oft nicht, ist dann gereizt und bewertet schlecht.

Man verzeihe mir die folgende Aussage, denn es sind wirklich nicht alle damit gemeint, doch es entspricht den Aussagen meiner Kundinnen. Um eine schlechte Bewertung zu umgehen, erzählen Berater dem Kunden oft das Blaue vom Himmel, wissentlich, dass dieser Weg in einem eDesaster enden wird, nur um dann 5-Sterne (das ist die Bestbewertung auf der Line) zu erhalten.

Denn eine schlechte Bewertung bedeutet Negativwerbung.

Allerdings gibt es auch Menschen, die offensichtlich lieber Märchen hören. Ich sagte einmal einer Dame, wohl gemerkt Akademikerin, also hohes Bildungsniveau, warum sie immer so viele Berater anruft, nur um zu hören, dass ihr Herzensmann wieder zurückkommt? Obwohl sie sich so ja selbst blockiert und es sich selbst nicht gestattet, glücklich zu werden, indem sie auch offen ist für einen anderen Menschen, der wahrscheinlich besser zu ihr passt. Wohlgemerkt, der letzte Kontakt zwischen ihr und ihrem Herzensmann lag achteinhalb Jahre zurück! Seitdem lebte sie beziehungstechnisch gesehen in der Vergangenheit.

Sie antwortete unbeirrt: „Ich rufe hier an, seit es diese Line gibt und nahezu jede Expertin hat mir gesagt, dieser Mann kommt wieder. Ich bezahle Dich dafür, dass Du mir Hoffnung verkaufst und nicht, damit du mich in meine Depression zurückwirfst. So etwas wie dich sollte man hier entfernen." Damit beendete sie das Gespräch.

Nach diesem Gespräch habe ich lange darüber nachgedacht, was Menschen dazu bewegt „nicht sehen" zu wollen.

Mit ihrer eigenen Einstellung unterstützen sie Scharlatane. Und zu guter Letzt, wenn dann tausende Euro weg sind, mit denen man sicher etwas Besseres hätte anfangen können, kommt das böse Erwachen und man macht den Scharlatan dafür verantwortlich, dass er einem das Geld aus der Tasche gezogen hat. Aber haben diese Kunden durch ihre Einstellung und ihr Verhalten nicht selbst die Genehmigung erteilt?

Und nicht nur das. Wenn Menschen sich selbst nicht hinterfragen und versuchen, ihre eigene Situation auch einmal von außen zu betrachten, dann boykottieren sie sich selbst. Sie selbst stehen ihrer eigenen inneren Zufriedenheit im Weg.

Wie gesagt. Ich mache diese Arbeit schon Jahre lang. Und es begegnen einem viele Schicksale. Mütter, die Tag und Nacht arbeiten um Ihren Kindern etwas ermöglichen zu können, komplett ausgelaugte „Fast-Vierziger" Karrierefrauen, die noch schnell Kinder haben wollen weil ihnen aufgefallen ist, dass beruflicher Erfolg doch nicht alles ist, Frauen die sich verprügeln lassen, nur um nicht alleine ohne Partner dazustehen, Menschen mit Suchtproblemen oder eben auch einfach Menschen auf der Suche. Oder Menschen mit Alltagsproblemen.

Aber in den letzten Jahren ist ein besorgniserregender Trend zu entdecken.

Immer mehr Menschen zwischen 25 und 45, Männer und Frauen gleichermaßen, vorwiegend aus der mittleren bis höheren Bildungsschicht, rufen wirklich komplett verzweifelt um Hilfe. Geplagt von Ängsten, Depressionen, Überforderung, Partnerschaftsunfähigkeit bis hin zu Vereinsamung und Burnout; empfinden sie, trotz sehr gutem Job und sehr gutem Gehalt, ihr Leben nur mehr als traurige, sinnlose Belastung. Teilweise haben sie schon lange Krankenstände, unzählige Sitzungen beim Psychologen und sonstiges hinter sich. Auf der Suche nach Erlösung sind wir quasi ihre letzte Hoffnung. Hier kann man wirklich helfen. Denn wenn der Leidensdruck zu groß ist, lassen sich auch Menschen, die sonst verweigern sich selbst anzusehen, auf sich ein. Und da beginnt eine wirklich wertvolle, gemeinsame Arbeit, die nahezu bei fast jedem, nicht nur aus dem Tief führt, sondern den Ratsuchenden am Ende auch stark und zufrieden macht. In diesem Fall passiert die „Heilung" aber nicht nur per Telefon. Die Telefonberatung wird dann nur zum Zusatz für kurze Anliegen. Persönliche Coachings und Gespräche sind hier sehr wichtig.

> *„Ein wirklicher Schamane sagt einem Menschen nicht, was er tun soll. Er stellt sich neben ihn und fordert ihn dazu auf, selbst zu sehen, zu fühlen und zu handeln."*

2. Kapitel

ABENTEUER LEBEN

Nun eine kleine Anekdote aus meinem Leben. Eine Reise durch Mexiko. Sie war nicht nur wunderschön, sondern erweiterte meinen Horizont ungemein.

Reisen war für mich immer schon „wirkliches Reisen" und kein „All inclusive Urlaub" in irgendeinem 5-Sterne Club. Dies hat für mich keinen Wert. So etwas habe ich mit 34 Jahren das erste Mal gemacht, da mir das mit einem kleinen Kind geeignet erschien. Ich war jedoch entsetzt. Es war meinem Empfinden nach einfach nur furchtbar. Man bekommt von dem Land, von der Sprache, von den Speisen, von der Lebensart und von der Mentalität der Menschen überhaupt nichts mit. Wenn ich ein Land bereise, möchte ich aber all dies kennen und verstehen lernen.

Nun aber zurück zu meiner Reise durch Mexiko, an die ich bis heute sehr gerne zurückdenke.

Ich war 25 und der Vater meines Sohnes und ich wollten verreisen. Irgendwohin wo wir noch nicht waren. Spontan wie wir beide waren, gingen wir in ein Reisebüro für Studenten und Individualtouristen, konnten uns aber nicht entscheiden. Da hatte ich eine Idee. An der Wand hing eine Weltkarte. Wir schlossen beide die Augen, ich nahm seine Hand und unsere beiden Zeigefinger kreisten auf der Karte umher. Ich sagte ihm: „Sag ‚Stopp', wenn dir danach ist. Einfach aus dem Bauch heraus." Genau dieses „Stopp" führte uns nach Mexiko. Wir buchten also einen Flug nach Mexiko-City und einen Rückflug für 1 Monat später. Mehr buchte ich nie, denn ich finde man sollte sich nicht so festlegen, wo man wie lange bleibt und an welche Orte es einen überhaupt verschlägt. Wir packten jeder einen Rucksack, mehr brauchten wir ja nicht, denn das Gepäck sollte uns nicht behindern. Wir nahmen uns vor, keinen Mietwagen zu nehmen oder mit vorbestellten Reisebussen durch die Gegend zu fahren, wir wollten die einfachen öffentlichen Verkehrsmittel der Einheimischen benutzen. Denn so macht Reisen Spaß. Das taten wir dann auch.

Lustig, ich denke gerade: Im Jahr 1993 gab es weder Internet noch Handy und wir haben überlebt und uns zurechtgefunden!
Ich schreibe hier jetzt keinen Reisebericht, aber Dinge, die ich erlebt habe, die meinen Horizont und meinen Blickwinkel ungemein erweiterten.

Damals gab es am Land und in den abgelegenen Dörfern so gut wie keinen Strom. Somit natürlich auch keine Kühlschränke. Crushed Eis wurde per LKW geliefert und so wurden die notwendigsten Dinge gekühlt. Da Fleisch ungekühlt verdirbt, wurden am Markt Geflügel, Schweine und sonstiges lebend verkauft. Bei einem Marktbesuch kaufte jemand ein Ferkel, das ihm dann leider auskam und so sprinteten beide quer durch den Markt. Es dauerte ziemlich lange, bis der Käufer seine Nahrung wieder eingefangen hatte. Als wir in den Bus stiegen, fuhren wir also nicht nur mit einheimischen Menschen, sondern auch mit ihren lebenden, künftigen Mahlzeiten. In dem Bus herrschte Leben. Es wurde gelacht, gequatscht und was mir auffiel, niemand hatte diesen toten, abgestumpften Blick, den ich kenne, wenn man in meiner Heimat in einen Bus oder eine U-Bahn steigt. Plötzlich war mitten auf der Straße vor uns ein Unfall und die Straße war vorübergehend abgesperrt. Ein gebuchter Touristenreisebus würde warten, denn Touristen aus den „reichen Ländern" würden sich beschweren, vom Reisebüro ihr Geld zurückfordern, das Busunternehmen verklagen, … Nicht so der Bus der Einheimischen. Er bog kurzerhand nach rechts und fuhr querfeldein durchs Maisfeld. Wir wurden ein wenig geschüttelt und gerüttelt, aber das war's auch schon. Ich empfand es sogar als sehr witzig.

Meine Erkenntnisse daraus:

- *Ich glaube, Fleisch ist gesünder und WERTVOLLER, wenn man nicht einfach einmal schnell in den Supermarkt gehen kann, um ein verpacktes zu kaufen. Auf diese Weise wird es zum Festmahl, das nicht alltäglich ist. Außerdem: So frisch bekommt man es im Supermarkt auch nicht.*
- *Uns wird immer wieder suggeriert, dass es das ultimative Glücksgefühl auslöst und dass wir dankbar sein können, weil wir es in unserer Lebensart ja viel bequemer haben. Aber stimmt die Annahme, dass je mehr einem alles erleichtert wird, desto zufriedener ist der Mensch? Diese Frage kann sich nun jeder für sich stellen, meiner Auffassung nach nimmt es viele Möglichkeiten. Wer durch den Supermarkt hetzt, nachher in sein Auto steigt, und heimfährt, der beraubt sich damit seiner Möglichkeit der Kommunikation. Er blendet andere Menschen aus und irgendwann im schlimmsten Falle beginnt man andere Menschen als störend zu empfinden. Das ist der erste Schritt zu den stumpfen Augen.*

Noch ein sehr interessantes Erlebnis, die Ehe betreffend, blieb mir in Erinnerung. Auf unserer Reise begegneten wir irgendwo im Nirgendwo einem Pärchen. Es war ein Marktstand in einem Dorf, an dem Kinder Limonade verkauften. Daneben waren 2 einfache Tische mit Sesseln, die zu dem Stand dazugehörten. Der eine Tisch war bereits besetzt mit 3 Frauen, die sehr viel Spaß an ihrer Unterhaltung hatten. Der andere Tisch war noch frei und wir setzten uns. Ein mexikanisches Pärchen setzte sich zu uns. Wir begannen, uns zu unterhalten. Englisch mit ein paar Brocken Spanisch gemischt, mit Händen und Füßen. Es war sehr unterhaltsam und wir lachten viel. Es stellte sich heraus, dass ihre Familien, BEVOR sie heirateten, sie 3 Monate auf Reisen schickten. Nur die beiden, alleine auf sich gestellt, um sich ganz und in jeder Situation kennen zu lernen. Wenn sie bei der Rückkehr noch immer heiraten wollten, dann wird es eine gute, haltbare Ehe. Sie erzählten, dass das nicht alle Paare so machen, aber es sei in ihrem Dorf Tradition. Wir fragten, wo sie denn jetzt als nächstes hinreisen würden. Sie meinten: „Nach Cancún. Sie möchte einmal sehen, wo die reichen Amerikaner Urlaub machen." Sie fragten, ob wir da schon waren. Wir verneinten. Also nahmen wir den nächsten Bus und fuhren zu viert. Das Problem begann schon an der Busstation. Nach Cancún fuhren nur die teuren Touristenbusse. Seltsam. Also gut. So stiegen wir also in einen übertreuerten, klimatisierten, auf 16 Grad abgekühlten Bus und erfroren fast während der Fahrt. Nach etwa 3 Stunden waren wir am Ziel. Hm, da standen wir nun und alles sah aus wie in irgendeinem 0815-Urlaubsort. Strom gab's da natürlich schon. Auch fließend Wasser. Es war irgendwie …" ich weiß nicht". Wir gingen also los und fanden eine Bar. Dort gingen wir rein und unsere „Reiseführer" bestellten 4 Corona für uns alle. Als der Kellner kam und uns das Bier in einem mit Crushed Eis gefüllten Sekteimer brachte und Gläser mit Salzrändern, einer Limette und ein Fläschchen Tabasco, waren wir 2 Europäer leicht irritiert. Das mexikanische Pärchen erklärte uns dann, dass man, wenn man Bier mit bisschen Salz und einem Schuss Tabasco trinkt, am nächsten Tag keine Kopfschmerzen hat und überaus fit ist. Also gut. Haben wir probiert. Hat wunderbar gewirkt. Wieder etwas gelernt. Später wollten wir an den Strand und den Sonnenuntergang genießen. Ich finde so etwas wunderbar beruhigend und romantisch. Aber was war das? Wir gingen kilometerweit und es war uns unmöglich, an den Strand zu gelangen. Ein Hotelbunker neben dem anderen mit Strandzugang, aber wohnte man in keinem der Hotels, durfte man auch nicht an den Strand. Also das hat mir schon wirklich gereicht. Das mexikanische Pärchen war total perplex und verstand diese Regel überhaupt nicht. Also dieser Ort hatte nichts mit dem wirklichen Mexiko zu tun. Eigentlich wollten wir nur mehr weg. Wir gingen also wieder zu diesem Busbahnhof, warteten Stunden auf einen übertreuerten Kühlschrankbus und fuhren wieder weg. Wir wollten uns dann die Halbinsel Yucatán ansehen und unsere 2 Reisebegleiter wollten nach Acapulco. Sie zeigten uns noch welche Busse wir nehmen mussten und dann verabschiedeten wir uns. Es war eine wirklich schöne Begegnung und mein

Spanischwortschatz verbesserte sich auch noch als netter Nebeneffekt. Nur schade, dass man die Sprache dann wieder vergisst, wenn man sie zu Hause nicht mehr spricht.

Meine Erkenntnis daraus:

- *Mir wurden die leuchtenden Augen der Menschen immer klarer. Das Miteinander, die Selbstverständlichkeit der Hilfsbereitschaft und die Herzlichkeit sind die wirklichen Schätze, die das Leben lebenswert machen und die Lebensfreude wachsen lassen.*
- *Die Idee, VOR der Hochzeit eine wirkliche Reise zu machen, in der die Gemeinsamkeit im Vordergrund steht und nicht der möglichst größte Luxus, lässt 2 Menschen auf eine ganz andere intensivere Art zusammenwachsen. Hier bei uns würde keine Familie auch nur einen Cent für so ein „Projekt" ausgeben. Die Begründungen wären so ähnlich wie: „Und wenn die dann nicht heiraten, dann war alles Geld, das wir gegeben haben, umsonst", oder „Was für eine Schnapsidee, wozu soll das gut sein?", und so weiter und so weiter. In Wahrheit ist da gar nichts umsonst, denn es ist in jedem Fall eine Bereicherung. Hierzulande kennen sich die meisten Paare wahrscheinlich nach 20 Jahren nicht so gut wie dieses mexikanische Pärchen, da man in „unserer Welt" einfach viel zu abgelenkt ist, der Beziehung und der Familie nicht mehr Wichtigkeit zukommen lässt als der Arbeit und der Karriere. Dabei ist es das wirkliche „Zu-Hause-Gefühl", dass dem Menschen Kraft und Lebensfreude schenkt.*
- *Und was mir noch aufgefallen ist, wenn man sich länger in einem anderen, wärmeren Klima aufhält und viel im Freien ist, passt der Körper sich an. Mir erschien dieser klimatisierte Eiskastenbus komplett absurd. Es war richtig unangenehm und passte auch irgendwie gar nicht in diese wunderschöne, friedliche Natur. Man sollte reisen, um sich wirklich ganz auf das jeweilige Land einzulassen. Denn nur so kann man seinen Horizont erweitern.*

Auf unserer Reise wollte ich natürlich alle Pyramiden, die irgendwo auf unserem Weg lagen, nicht nur begutachten, sondern auch erklimmen. Das taten wir auch. Es ist ein wunderbar schönes Gefühl, wenn man oben sitzt, keine Ahnung in welch schwindelerregender Höhe, das aber gar nicht als hoch empfindet. Man sieht kilometerweit die saftig grüne Natur, die Wälder, es ist einfach nur schön. Wir gingen durch die Wälder, sahen Gürteltiere, entdeckten Menschen, die Raupen sammelten, die sich auf den Baumrinden tummelten, sie waren anscheinend eine Delikatesse. Einmal verlief ich mich, weil ich so mit dem Bestaunen der Natur und der Waldbewohner beschäftigt war, dass ich plötzlich nicht mehr genau wusste, wo ich herkam. Irgendwie hatte ich aber keine Angst. Ich dachte: „Egal, irgendwo wird schon wieder eine Straße kommen", und ging weiter. Es wurde schon fast dunkel, und da war plötzlich wirklich ein Feldweg, auf dem ein Traktor fuhr. Der nahm mich dann mit und brachte mich zu der momentanen Wohnadresse, die ich mir aufgeschrieben hatte. Manches Mal bin ich wirklich dankbar für mein Urvertrauen.

Meine Erkenntnis daraus:

Wir haben die universellen Gesetzmäßigkeiten schon vergessen, aber jeder von uns kommt mit einem Urvertrauen und einem Urinstinkt zur Welt. Im Laufe eines „zivilisierten Lebens" verkümmern diese aber und auch das Wissen um die Gesetzmäßigkeiten ist uns abhandengekommen, da es nicht als wichtig angesehen wurde und so in keinem Lehrplan steht. Es gibt ein Sprichwort: „Angst ist ein schlechter Berater." Das stimmt auch irgendwie. Jedoch sollten wir unterscheiden zwischen gesunder Angst, die Angst, die uns davor beschützt, Dummheiten zu machen und uns sinnlos in Gefahr zu begeben, und Panik. Panik ist die Angst in die wir geraten, wenn wir glauben eine Situation nicht mehr im Griff zu haben oder eben Panik bekommen, weil wir zu sehr mit unserem Verstand verhaftet sind, der uns zum Beispiel sagt: „Du bist in einem fremden Land, weit und breit niemand an den du dich orientieren kannst …" Wer die universellen Gesetzmäßigkeiten kennt, der gerät nicht so schnell in Panik. Denn wir sind mit einem Urinstinkt ausgestattet, der uns instinktiv leitet. Voraussetzung ist, dass man in so einer Situation auf sich selbst und seine Instinkte und seinen Intellekt vertraut. Panik macht in uns eine Sperre und erst durch Panik wird ein Weg aussichtslos.

Und nun eine letzte Reiseanekdote, deren Erkenntnis ich gerne mit Dir teilen möchte:

Nachdem wir in Yucatán angekommen waren und uns einiges angesehen hatten, machten wir uns auf den Weg Richtung Belize. Da kamen wir jedoch gar nie hin, weil die Zeit dafür nicht reichte und wir einige Zeit in Tulum verbrachten. Dieser Ort hatte wunderbare Energien. Er strahlte eine Ruhe aus und da keine Reisezeit war, waren da auch keine Touristen. Einfach schön. Wir gingen von Playa del Carmen aus durch einen Wald am Strand entlang, kilometerweit und kamen plötzlich zu einem Strand an dem Cabanas standen. Wunderschöne Cabanas. Aber nicht wie in Playa des Carmen, welche, die wie Hotelzimmer eingerichtet waren, sondern ganz schlichte. Ohne Wasser, ohne Strom, mit Sandboden und nur einer gemauerten Erhöhung mit einer Matratze. Es waren so ca. 8 bis 10 Hütten. Und ein Restaurant, wo man essen und trinken konnte. Das Restaurant war ebenso eine kleine Hütte und davor ein paar Stühle und Tische. Kein Strom. Wenn es also nachts dunkel war, dann war es eben dunkel. Irgendwo hinter dem Haus war ein Plumpsklo. Das war alles. Eine dieser Hütten kostete die Nacht umgerechnet 20 Cent. Diesen Preis kann man sich heute kaum mehr vorstellen. Also blieben wir dort.

Die Inhaber waren eine sehr nette Familie, die uns einiges über die Lebensart erzählten. Sie sagten uns, dass dies ein Leben ist, wie in einem ihrer Dörfer. Wir sollten kein Essen in die Hütte mitnehmen, da sonst Ungeziefer wie Kakerlaken eindringen könnte. Auch in den Dörfern isst niemand in seiner Hütte, sondern es gibt in der Mitte einen Kochplatz, da kochen und essen alle. Also machten wir das so. Ich muss gestehen, anfangs dachte ich: „Oh mein Gott! Kein Wasser, kein Strom, keine Toilette, kein Türschloss, ich sterbe gleich!" Aber dann dachte ich: „Ich zicke jetzt nicht herum, ich schau mir das einmal an, wie das ist." Also gingen wir mal schlafen und als ich am nächsten Morgen aufwachte und die Tür der Hütte öffnete, 10 Meter vor dem Meer mitten im Sandstrand, fing mein ganzes Gesicht zu strahlen an. Ich streckte mich, lächelte und lief ins Meer, um mich zu erfrischen. Ich tauchte und wusch mich und plantschte und genoss dieses morgendliche Erlebnis wie ein kleines Wunder. Ich war so dankbar, so ein schönes Gefühl erleben zu dürfen. Es war plötzlich egal, ob es da fließend Wasser, Strom oder Toiletten gab. Es war gar nicht wichtig. Es gab Essen, eine gemütliche Matratze zum Schlafen, 2 Haken, an denen wir eine Hängematte aufhängen konnten und kuschelig drin Siesta machten und ich war richtig glücklich. Abends setzte ich mich noch allein an den Strand, schaute in die Weite und dachte über das Leben nach.

Meine Erkenntnis:

Wir brauchen in „unserer Welt" so viel Geld, weil wir glauben, so viele Dinge zu brauchen. Aber brauchen wir sie wirklich? Unser Leben ist drauf ausgerichtet. Auf Konsum, Erfolg, Kampf, ... Die Menschen messen sich aneinander und Erfolg bedeutet sich nach oben zu kämpfen. Nicht ein Miteinander zu leben. Wie oft kochen und essen wir mit Freunden und Familie gemeinsam? Wieso verschwenden wir unsere Energie, um möglichst viel Geld zu verdienen, um uns Dinge zu kaufen, die in Wahrheit für das Leben gar nicht wichtig sind? Wieso hassen sich Familienmitglieder und zerfleischen sich wie Tiere, wenn es um ein Erbe geht, anstatt sich miteinander etwas zu schaffen und zu teilen?

In dieser Lebensart, die ich kennenlernen durfte, gab es keinen Neid, keine Gier, keinen Hass. Vielleicht vereinzelt. Aber die Gemeinschaft hat dominiert. Deshalb auch diese wunderschönen, strahlenden Augen. Selbst bei Menschen, die aus unserer Sicht ein schweres Leben haben. Ist unser Leben leicht? Nein. Wir besitzen mehr. Aber macht viel sinnloser Besitz von dem 80% eigentlich unnötig ist, glücklich und zufrieden? Ich denke nicht. Aber das muss jeder für sich selbst entscheiden. Darüber nachzudenken, lohnt sich allemal. Eigentlich wäre ich am liebsten dort geblieben. Ich hätte mich gut zurechtgefunden. Das Einzige, was wirklich fehlte war ein Arzt in unmittelbarer Nähe.

Was man in "unserer Welt" natürlich braucht, sind Häuser mit einer Heizmöglichkeit aufgrund des Klimas. Das Klima ist natürlich auch ein Grund, warum es nicht möglich ist so zu leben. Aber ich habe viele Erkenntnisse nach Hause mitgenommen und sie haben meine Prioritäten im Leben, die ich ohnehin schon immer hatte, noch untermauert. Und ich habe vieles dazugelernt. Mir wurden Dinge bewusst, die eigentlich in uns selbst schlummern.

Unlängst machte eine Bekannte von mir die gleiche Reise. Sie zeigte mir Fotos und ich war traurig. Dieses Mexiko, das ich damals kennen lernen durfte, gibt es nicht mehr. Der Massentourismus hat nun auch bis in die letzte Ecke unsere Lebensart exportiert. Das machte mich etwas traurig, denn ich hätte es meinem Sohn und seiner Generation gewünscht, so etwas kennenzulernen. Denn wer auch diese Art der ursprünglichen Lebensweisheit kennen lernt, wird die Dinge auch in "seiner Welt" anders betrachten und viel bedachter handeln.

3. Kapitel

SEELENHEIL ERLANGEN

Um in der Naturheiltherapie die Seele zu heilen und den Klienten wieder in seine Kraft und seine Mitte zu bringen, bedarf es der GEMEINSAMEN Arbeit. Dies kann nur zusammen gelingen, indem der Mensch bereit ist, sich selbst zu hinterfragen, sich selbst und seine Erlebnisse von außen zu betrachten und zu überdenken. Um diesen Weg zu gehen, braucht man Interesse an sich selbst und Mut. Man wird auf dieser Reise viele sehr schöne Dinge entdecken, die man in seinem Dilemma gar nicht mehr sieht, aber manches mal wird man auch an sich selbst Kritik üben, weil man erkennt, dass manch unschöne Dinge, die einem widerfahren sind, teilweise selbst verursacht sind. Das ist nicht immer angenehm, ist aber ein großer Schritt, um in seine Kraft zu kommen.

Es gibt keine Faustregel, wie lange jemand braucht, um dort hinzugelangen, wo er hinmöchte. Denn wir sind alle verschieden. Jeder Mensch ist individuell. Jeder für etwas anderes geboren.

Es ist auch nicht jeder Therapeut der Richtige für jeden Klienten. Da es zum einen verschiedene Arbeitsweisen gibt und zum anderen auch die Sympathie stimmig sein sollte. Denn während so einem Prozess öffnet man sich ja ganz. Vor sich selbst und vor dem Therapeuten. Da ist es nicht förderlich, wenn die Chemie nicht stimmt.

Es gibt Psychologen, Therapeuten, die mit dem inneren Kind arbeiten und alles erlebte noch einmal Revue passieren lassen, um anschließend die Heilung einzuleiten und viele weitere verschiedene Methoden. Jeder sollte herausfinden, welche Methode für ihn/sie die Richtige ist.

Nachfolgend werde ich die Methoden beschreiben, die ich anwende.

Ich arbeite vorwiegend nach Huna.
Huna ist praktische Lebensweisheit.

Der Begriff HUNA besteht aus den Silben HU (Chaos/Bewegung) und NA (Ordnung) und spiegelt so das Wissen um das Zusammenspiel dieser beiden Urprinzipien der Dualität wider.

HUNA ist weder Religion noch Sekte, sondern hat seine Wurzeln auf den Inseln des Südpazifiks und steht für die polynesische Lebensphilosophie der Liebe (Aloha) und der Kraft (Mana).

Die HUNA-LEHRE geht auf altes schamanisches Wissen zurück, das seit Jahrtausenden auf diesen Inseln gelehrt wird. HUNA bedeutete früher auch „Geheimnis".

Nach der Auffassung der Kahunas, den Huna-Schamanen, entsteht Krankheit (ma'i) durch Blockierung der Lebensenergie (ki).

Gesundheit (ola) hingegen wird durch das ungehinderte Fließen von Ki erreicht. Die Heilweisen aus dem Huna führen zu einem Zustand von Harmonie und Entspannung, in der die Energie wieder frei fließen kann und somit die natürlichen Selbstheilungskräfte gestärkt werden, die jeder Mensch in sich trägt.

Ein Leben im Geiste des Hunas führt zu Harmonie von Körper, Geist und Seele. Wer diese schlichten Lebensregeln verinnerlicht und danach lebt, hat eine positive Denkweise und strahlt diese auf seine Umwelt aus.

Keine Dogmen, sondern Grundsätze wie „Tue nichts, was anderen schadet oder jemanden verletzt", zeichnen die Philosophie der Inselgruppen aus.
Der Mittelpunkt dieser Grundeinstellung ist der ALOHA SPIRIT – liebevolle Kraft und kraftvolle Liebe.
Um den Klienten wieder in seine Mitte und sein Gefühl zu bringen, gehört natürlich auch die Entwicklung der Fähigkeit, sich Gutes zu tun, seinen Geist abzuschalten, seinen Körper mit

jeder Faser wieder zu fühlen und den Kopf in die Tiefenentspannung zu bringen. Denn ist der Kopf einmal tiefenentspannt, entspannt sich auch der Körper mit all seinen Muskeln.

Menschen, die jahrelang Bandscheibenvorfälle, Rückenschmerzen etc. hatten, sind nicht selten zu sehr „verkopft". Dafür gibt es auch wunderbare Behandlungsmethoden. Einige davon werde ich hier beschreiben.

LOMI LOMI NUI –
Traditionelle hawaiianische Massage und Körperarbeit

Lomi Lomi Nui ist hawaiianischen Ursprungs, und ist auch unter dem Begriff „Tempelmassage" bekannt. Es wird mit sehr viel Öl gearbeitet. Das Besondere daran ist die ungewöhnliche Technik, da mit den Unterarmen gearbeitet wird. Diese Art der Körperarbeit hilft tiefsitzende Blockaden und Verspannungen aufzulösen, berührt alte Muster und transformiert sie. Damit wird unterstützt, dass Heilung auf körperlicher, emotionaler und mentaler Ebene möglich wird und beginnen kann.

Energetische Fußzonenbehandlung

Diese Technik führt durch gleichmäßiges streichen der Reflexzonen zu einem allgemeinen Wohlbefinden.

- Selbstheilungskräfte werden angeregt
- die Durchblutung gefördert
- lösen von Spannungen und Blockaden
- regt den Stoffwechsel an
- die Energie kann wieder frei fließen
- Ausscheidung von Giftstoffen und Schlacken
- stärkt das Immunsystem

- Harmonisierung des Nervensystems und des Seelenlebens
- Unterstützung persönlicher Entwicklungsprozesse

KAHI LOA

Die **Kahi Loa-Massage** gehört zu den ältesten **hawaiianischen Energiebehandlungen**. Einzigartig ist, dass an der Haut und über der Haut gearbeitet wird und nicht an den Muskeln. Es wird kein Öl verwendet und der Klient/die Klientin bleiben bekleidet.

Die Massagebewegungen sind völlig anders als üblich und extrem sanft. **Kahi Loa** ist eine **Elementemassage**. Trotz der Sanftheit ist die Massage sehr **revitalisierend**. Mit harmonischen, intuitiven und sensitiven Bewegungen führt der Masseur den Klienten/die Klientin durch eine Art meditative Visualisierung. Es ist eine reine Energiemassage. Der Masseur richtet seine ganze Konzentration auf die Energie, die über die Kraftzentren und **Energiebahnen** laufen.

Verspannungen auf physischer und psychischer Ebene können gelöst werden, die Energie fließt wieder frei und die **Selbstheilungskräfte** werden aktiviert.

Nach 30 Minuten fühlt man sich erfrischt und vital.

PANTHA JAMA (Kräuterstempel)

Die Kräuterstempelmassage beruht auf der uralten Tradition der ostasiatischen Massagekunst. Geist und Seele erleben ein ganzheitliches Wohlfühlerlebnis. Das Geheimnis der Stempelmassage liegt in der Mischung zwischen heißem Öl und wohlriechenden Stempeln. Wärme und die Kraft der Kräuter vereinen sich zu einem Wirkstoffpaket, welches die Durchblutung fördert und die Schlackenstoffe abtransportiert. Bei der Pantha Jama-Stempelmassage wird das Immunsystem angeregt, das Hautbild verbessert und man erlebt eine tiefgehende wohltuende Entspannung.

Aromatherapie

Das Wissen um die positive Wirkung 100% pflanzlicher Öle und Essenzen stammt ursprünglich aus dem alten Ägypten und Mesopotamien. Zu Beginn des 20. Jahrhunderts begann der französische Chemiker René-Maurice Gattefossé, der in einem Labor für Kosmetika und Parfüms arbeitete, die Heilkraft der ätherischen Öle systematisch zu erforschen. Anfang der 1920er-Jahre konzentrierte sich Gattefossé immer mehr auf die medizinische Forschung und publizierte 1937 ein Buch, in dem der Begriff Aromatherapie geprägt wurde und das diese bis heute beeinflusst. Heute ist die Aromatherapie ein modernes, sehr gut erforschtes Teilgebiet der Pflanzenheilkunde und viele der Wirkungen sind in Studien erforscht und belegt. Die Aromabehandlung wirkt vorwiegend über den Geruchssinn. Verschiedene Duftnoten senden jeweils verschiedene Botschaften an das Gehirn, Jede Pflanze kann sofort Emotionen, aber auch körperliche Reaktionen auslösen, Stress kann gelöst und Entspannung und Wohlbefinden aktiviert werden.

Lichttherapie

Die Lichtarbeit ist ein anerkanntes Verfahren zur Behandlung von lichtabhängigen Gemütszuständen mittels Sonnenlicht oder künstlichem Licht. Der Klient wird mit Farblicht bei Ermüdung, Abgeschlagenheit und Stress dabei unterstützt, das seelische Gleichgewicht wieder herzustellen.

Die Bedeutung von Licht für den menschlichen Organismus und insbesondere für das psychische Wohlbefinden ist bereits seit langem be-

kannt. Lichttherapie gilt als Therapie der Wahl bei saisonalen Depressionen wie der Herbst/Winterdepression. Neue Forschungsergebnisse konnten zeigen, dass Lichttherapie jedoch nicht nur bei saisonalen Depressionen eine Wirkung zeigt, sondern ein vielfältiges therapeutisches Anwendungsspektrum aufweist, das verschiedene effektive Störungen wie unipolare und bipolare depressive Störungen oder Wochenbettdepressionen umfasst, aber auch bei anderen psychiatrischen und neurologischen Erkrankungen wie Alzheimer-Demenz, ADHS, Parkinsonerkrankungen oder verschiedenen Indikationen in der Schlafmedizin eingesetzt werden kann. Der vorliegende Übersichtsartikel gibt einen kurzen Überblick über die neurobiologischen Grundlagen der Lichttherapie, sowie über verschiedene therapeutische Einsatzmöglichkeiten der Lichttherapie und neue Entwicklungen im Bereich der Lichttechnologie. **(Quelle: Zeitschrift Neuropsychiatrie, Ausgabe September 2013, Seite 142 – 148, Springer Verlag)**

Vielleicht kannst du dir aus diesem kleinen Auszug aus dem Repertoire eines Naturheiltherapeuten einen Überblick verschaffen, ob dies etwas für dich ist. Man liest immer nur Schlagwörter. Menschen die sich jedoch noch gar nicht damit auseinandergesetzt haben, wissen nur selten was genau bei diesen Behandlungen passiert.

4. Kapitel

SPIRITUALITÄT IST NICHT GLEICH ESOTERIK

Ich bin mir durchaus bewusst, dass es einige von euch, bei diesem Titel zusammenkrampft. Ich finde es dennoch wichtig, die Unterschiede klarzustellen.

Echte gelebte **Spiritualität** besteht darin, sich selbst zu respektieren, zu lieben, zu spüren und sehr gut zu kennen. Sich seiner Gaben, Wünsche, Begabungen usw. bewusst zu sein. Denn ist man einmal so weit mit sich selbst verbunden und im Reinen, dann geht man instinktiv in seine Zufriedenheit und begibt sich auch im außen eher unter Menschen seinesgleichen. Man ist nicht mehr anfällig für energiesaugende Personen oder Systeme. Wäre die Mehrheit der Menschen schon so weit, würde unser Leben anders aussehen.

Spiritualität bedeutet also eigentlich nichts anderes als:

- Entscheidungen mit seinem eigenen gesunden Menschenverstand, gepaart mit Herzenswärme zu treffen,
- achtsam, respektvoll und bewusst durchs Leben zu gehen,
- auf sich selbst und sein Inneres zu vertrauen,
- sich in Liebe mit Menschen verbunden zu fühlen, die einem gut tun und die anderen nicht zu hassen, sondern einfach „sein zu lassen",
- sich seiner stark ausgeprägten geistigen und seelischen Fähigkeiten bewusst zu sein und sie auch zu nutzen,
- und deshalb mit sich im Einklang und innerlich zufrieden zu sein.

Nahezu jeder Mensch, dem sie nicht durch Außeneinflüsse genommen wurden, hat diese Begabungen in sich und nur durch „Verbiegen" verlernt und ins Unterbewusstsein verschoben. Bei spiritueller Heilung handelt es sich um eine Begleitung, Information und eine Anleitung sich selbst wieder bewusst zu werden, zu „finden" und so auch sich selbst zu heilen. Der freie Wille und die individuelle Persönlichkeit stehen im Mittelpunkt. Spirituell leben bedeutet, dass Erfolg, Gesundheit, Liebe, innere Stärke und innere Zufriedenheit unser Leben dominieren. **Spiritualität und spirituelles Heilen beruht auf echtem, schamanischem Wissen.**

Und nun zur Esoterik:
Was vorwiegend unter Esoterik verstanden wird, beschreibt sehr auf den Punkt gebracht *Klaus Berger, Prof. für neutestamentliche Theologie*: „Der Esoterikmarkt boomt, lockt mit einem Sammelsurium billig zusammengeklaubter Aspekte hochkomplexer religiöser und philosophischer Traditionen. Auch die christliche Religion wird weichgespült, trivialisiert, für fundamentalistische und eifrig-liberale Interessen instrumentalisiert und so missbraucht. Esoterisches Halbwissen ist bequem, denn es ersetzt hier wie dort die Anstrengung, sich ernsthaft auf etwas einzulassen, sich wirklich mit etwas auseinander zu setzen und schon gar nicht mit sich selbst. So stehe der Begriff Esoterik heute für jedwede erbauliche Gesinnung und schöngeistige Beliebigkeit im Sinne von „Event".

In der Esoterik wird meist so vorgegangen, dass dem Menschen von einem „esoterischen Experten" gesagt wird, was sein Problem ist, was er zu tun hat, das Problem wird von dem jeweiligen Experten für ihn aufgelöst, ohne dass der Ratsuchende wirklich etwas tun muss. Man wird auf wundersame Weise geheilt. Aber nicht wirklich. Dieser Weg ist gerade IN und passt zum Zeitgeist. Er führt den Ratsuchenden aber eher in eine Welt der Illusion und Bodenlosigkeit als in das „Echte-Zu-Sich-Finden".Schön wär's doch, maximaler Ertrag bei minimaler Anstrengung des Ratsuchenden. Wenn nicht das liebe Geld wär das diese „Wunderheilungen" kosten.

5. Kapitel

TRAUMABEWÄLTIGUNG AUF SPIRITUELLEM WEG

Mit einer uralten spirituellen Methode ist es möglich, persönliche Problematiken zu lösen und positive Veranlagungen, die in jedem Menschen enthalten sind, wieder zu aktivieren. Ebenso können auch sehr alte, karmische oder auch fremdbestimmte Traumen, zum Beispiel Generationsthemen, nachhaltig gelöst werden.

Die 2-Punkt-Methode aus dem traditionellen HUNA verbindet reine Lebensenergie mit JEDEM Problem und regt Transformation und Selbstheilung an.

Voraussetzung für eine Heilung auf spirituellem Weg ist, sich wirklich auf sich selbst einzulassen und den Fluss nicht zu stoppen.

Man sollte sich vorher bewusst sein, dass man wirklich den für sich richtigen Weg einschlägt, der einen in die vollständige Heilung bringt. Dies beinhaltet auch, dass wahrscheinlich dein ganzes Leben noch einmal auf den Kopf gestellt wird.

Spirituelle Traumabewältigung geht nicht von heute auf morgen. Sie ist ein erfüllender, interessanter Weg. Man begibt sich auf eine Reise zu seinem eigenen Kern. Man holt das Positive aus sich heraus und löst somit alte Traumen wirklich auf, sodass sie nicht mehr im Wege stehen. Danach werden sie nicht mehr als zukunftsbehindernd empfunden, sondern als lehrreiches Erlebtes, das einen zu dem gemacht hat, was man wirklich ist. Wenn man bisher empfunden hat, dass man durch sein Trauma für das ganze restliche Leben benachteiligt ist, empfindet man nachher das Erlebte zwar auch als schrecklich, aber da es nun ja geheilt ist, merkt man, dass man genau dadurch einen erweiterten Horizont und eine immense mentale Stärke erlangt hat, die durchaus sehr positiv für die Erreichung der ganz persönlichen Träume und Ziele ist.

Auf dem Weg dahin durchlebt man alle möglichen Gefühlszustände, die aber immer schlussendlich als erleichternd, befreiend, glücklich, usw. wahrgenommen werden. Dies ist auch der Fall, wenn schlimme Szenen noch einmal auftauchen. Wichtig dabei ist nur, dass man eine kompetente Vertrauensperson hat, die einen begleitet. Das Tempo bestimmt jeder selbst. Oft sitzt traumatisch Erlebtes im Unterbewusstsein. Wenn ein Mensch traumatisiert wird und das Erlebnis nicht verkraften kann, ohne dass er den Verstand verlieren würde, legt das Gehirn einen Schalter um und verfrachtet dieses ins Unterbewusstsein. Erst wenn der Mensch stark genug und bereit ist, das Erlebte zu verarbeiten, sodass es sich dann auflösen kann, kommt es wieder ins Bewusstsein. Die Dauer bis es soweit ist, hängt immer individuell von der Person ab.

> **Der *Schlüssel zur Heilung* liegt darin,**
> **dass ursprüngliche Trauma noch einmal**
> **durchzugehen und es erneut zu durchleben, ihm**
> **leidenschaftlich und vorbehaltlos zu begegnen**
> **und es zu einer Lösung zu führen. Auf diese**
> **Weise wird das festgefahrene Verhaltensmuster**
> **gesprengt, die Blockade löst sich auf und dann**
> **kann die Lebensenergie wieder frei fließen.**
> *Strephon K. Williams*

Nach Huna wird man zuerst dahingehend geführt, dass man sich wieder sich selbst, seiner Wünsche, seiner Träume und seiner Stärken bewusst wird. Man wird nicht manipuliert, sondern es werden lediglich die Wünsche Deiner Seele und die Selbstheilungskräfte aktiviert. Das hat zur Folge, dass das Urvertrauen in sich selbst wieder stark wird. Erst dann beginnt der Weg. Die Philosophie der Kahunas geht davon aus, dass, wenn es dem Menschen gut geht, sich alles Negative, das einem auf seinem Weg zur inneren Zufriedenheit behindert hat, von selbst auflöst. Oft lassen traumatisierte Menschen keinerlei Gefühle zu, die sie verletzen können (und verletzen könnten auch „positive"

Gefühle wie Liebe, Zuneigung etc. weil die evtl. Enttäuschung bedeuten könnten). Das war zum Zeitpunkt des Traumas wahrscheinlich auch wichtig, aber auf Dauer führt es dazu, dass man eine latent negative Einstellung zum Leben hat, verhärtet und krank wird. Man hat keine Wünsche, keine wirklich tiefen Gefühle und funktioniert. Aber man lebt nicht.

Auf dem Weg der Heilung fühlt man sich Stück für Stück wieder selbst. Und man merkt, wie gut es einem tut. Man verabschiedet sich automatisch von schmerzhaften Umständen und Dingen, die einem nicht guttun, weil die Seele wieder das Wort ergreift. Man begreift, dass man mit dieser Einstellung Menschen anzieht, die zur eigenen Ideologie passen, dass die Tore zu dem Beruf geöffnet werden, der einem Erfüllung gibt, usw. Und man begreift, dass diese Dinge alle von selbst passieren. Ohne dass man sich anstrengen muss. Genauso wie damals das Trauma ohne eigenes Zutun passiert ist, kommt auch die Zeit des Genusses, wenn man bereit ist sie zuzulassen und die Vergangenheit loszulassen. Man braucht sie nicht zu vergessen, das geht auch gar nicht, denn sie gehört zu einem. Aber man kann sie in Freundschaft verabschieden und gehen lassen.

> **Wahre Lehrer sind wie Brücken. Sie fordern ihre Schüler auf, sie zu überqueren und wenn sie ihnen den Übergang erleichtert haben, stürzen sie freudig in sich zusammen und ermutigen ihre Schüler, sich ihre eigenen Brücken zu bauen.**
> *Nikolas Kanzantzakis*

6. Kapitel

ÜBER DIE WICHTIGKEIT DER QUALITÄT UNSERER ERSTEN GELEBTEN LIEBE

Ist die Angst vor dem Verlust der Sicherheit, die uns durch die Medien und Politik vermittelt wird, schuld an den Unmengen von „Scheinpartnerschaften"?

Es ist paradox. Je größer das Sicherheitsnetz, je mehr technische Hilfsmittel, um sich das Leben zu erleichtern, desto seelisch kranker, leerer und unzufriedener und depressiver sind die Menschen. Und trotzdem streben wir immer nach noch mehr Sicherheit und bedienen uns immer mehr Kommunikationsmittel, die alles verschnellern, erleichtern, angeblich das Leben verschönern usw. Doch die Zahl der zufriedenen, glücklichen Augen in den Gesichtern muss man suchen, wenn man einmal aufmerksam durch eine Großstadt geht. Hingegen steigt die Zahl der Psychopharmaka-Beglückten und Nervenkranken. Woran liegt das wohl?

Wir werden täglich mit falschen Werten und Unmengen an Informationen vollgestopft, die angeblich ganz wichtig sind, zum Bildungsniveau gehören, uns Sicherheit und Stabilität geben und ohne die wir angeblich nicht überlebensfähig sind. Aber eines wird uns nicht vermittelt. Wie wertvoll eine echt gelebte Partnerschaft ist und wieviel Kraft sie gibt und die Werte, die eine wirkliche Partnerschaft beinhaltet.

Leider wird uns das nicht nur nicht vermittelt, es wird sogar dagegen gesteuert. Und zwar indem man Jugendlichen, die zum ersten Mal verliebt sind, fast schon den Weg verbaut, um diese erste Liebe auszukosten. Es ist wichtiger Erfahrungen zu sammeln, bevor man sich festlegt, dies ist wichtiger, jenes ist wichtiger, Schluss machen per SMS ist schon fast normal, usw.

Das hektische Leben, das uns angeblich zu Sicherheit verhilft, beinhaltet auch, dass es nur logisch ist, dass Beziehungen nur nebenbei laufen. Viele leben 20 Jahre und mehr nebeneinanderher und kennen sich gar nicht wirklich. Das kann aber nur passieren, wenn man sich für das Gegenüber nur bedingt interessiert. Wenn man den Fokus auf sein eigenes Ego richtet und den anderen als Möbelstück betrachtet. Klingt gnadenlos, hm? Die meisten handeln ja nicht einmal bewusst so. Es wird uns ja erklärt, dass das die Norm ist und wer nicht alleine bleiben will, der muss sich eben fügen.

Glücklich schätzen können sich die wenigen, die den Mut und die geistige und soziale Reife hatten, schon in jungen Jahren ihre Beziehung wirklich zu leben. Je jünger man ist, desto furchtloser, authentischer und gesünder lässt man sich auf die Liebe ein. Man denkt nicht über das „wie" nach. Man lässt diesen geliebten Menschen in sein Innerstes schauen, man zeigt sich in allen Facetten des Lebens, man genießt zusammen die Sexualität, sagt auch, was man möchte, probiert zusammen aus, schämt sich nicht, für gar nichts, man redet über alles und schenkt dem Partner sein ganzes Herz. Es ist normal, dass man dem anderen beisteht und hilft, wenn er Probleme hat. Egal ob selbst verursacht oder nicht. Man macht es, weil man herzensverbunden ist. Die erste Liebe ist nicht konstruiert. Da treffen zwei Menschen aufeinander, die sich wirklich füreinander interessieren und sich begehren. Da gibt es Tiefs, da gibt es Hochs, aber vor allem gibt es eines: Echte Innigkeit, echte Leidenschaft und echtes Interesse daran, dass es dem Partner gut geht. Und zwar beidseitig. Wenn eine Partnerschaft stimmt und man ehrlich miteinander umgeht, gibt sie Kraft, erfüllt, man braucht keine Krücken von außen und es wird auch nicht langweilig. Weder im Bett noch im Leben. Sie müssen sich auch nichts versprechen, weil es logisch ist und gar nicht zur Debatte steht, dass sie respektvoll und in Liebe miteinander umgehen. Menschen, die das einmal über ein paar Jahre ihres jungen Lebens erlebt haben, werden sich mit keiner halbherzig konstruierten Beziehung zufriedengeben. Nur diese Menschen wissen, dass dies das größte Gut ist. Sie lassen sich nicht verwirren durch Mainstream, schlaue Bücher wie eine Beziehung zu funktionieren hat, wie man sich Liebe konstruiert, wie man sich Sicherheit erschafft, usw. Denn sie wissen, dass dies nicht möglich ist. Man kann so etwas nicht lernen. Das lernt einem nur das Leben, in dem man den Mut hat, sich drauf einzulassen. Diese Menschen werden auch keine Angst haben, eine Zeit alleine zu sein. Es ist zwar wider die Natur, aber immer noch besser als nebeneinanderher zu funktionieren.

Warum wird uns nicht gesagt, dass dies das Wichtigste überhaupt für unsere Seele ist? Weil die Seele dem Mainstream egal ist.

Und so gilt es als normal, dass man einmal permanent mit Arbeit zugeschüttet, mit shoppen abgelenkt oder wie auch immer beschäftigt wird, um keine Zeit mehr zu haben, etwas zu hinterfragen. Es gilt als normal, dass wenn man nicht mehr kann, instinktiv irgendjemand gesucht wird, um nicht allein zu sein – nicht um der Liebe Willen – und mit dem eine Partnerschaft gegründet wird, um nicht ganz so verloren durch die Gegend zu rennen. Dann gibt es noch verschiedenste Möglichkeiten den anderen zu „besitzen", denn das Unterbewusstsein ist ja noch nicht ganz so stumpf und weiß ja, dass so etwas keine wirklich haltbare Basis ist, die langfristig zufrieden stellt. Man heiratet oder bekommt Kinder oder verstrickt sich gegenseitig in Geld-Konstrukte, die man nur schwer wieder lösen kann oder man verschuldet sich gemeinsam, sodass es schwierig wird, sich überhaupt trennen zu können, usw. So, und da steht man nun mit seinem modernen Beziehungsmodell. Es gibt einem eine Sicherheit die eigentlich Betrug ist, es fühlt sich leer an, der Sex klappt schon nach ein paar Monaten nicht mehr, zu sagen hat man sich auch nicht viel, jeder beginnt sein Leben anderswo zu leben, am besten in der Arbeit, so hat es der Staat gern, beginnt außerhalb ein Verhältnis, um sich überhaupt noch irgendwo aufzuladen, hat aber gleichzeitig Angst die Sicherheit, die man ja so schön gebastelt hat, zu verlieren und so lebt man halt vor sich hin. Erst wenn man dann emotional schon so verhungert ist, fängt man endlich an, klar zu sehen. Einigen passiert es dann, dass sie auf einen Menschen treffen, mit dem sie wirklich Liebe erleben. Aber da ist sie dann wieder: Die Angst, noch einmal von Neuem zu beginnen, die Sorge, dass man einen Fehler macht, die Panik, dass man seine Sicherheit verliert, usw.

Einige überwinden diese Angst und folgen dann ihrem Bauchgefühl. Aber das sind nur wenige und meist die, die wenigstens ansatzweise eine schöne, erste Liebe erlebt haben. Die noch wissen, dass Gespräche, Sexualität, gemeinsame Lebensansichten und Ziele wirklich Sicherheit und Erfüllung und Kraft und Kreativität schenken.

Aber beim überwiegenden Teil ist die Angst größer. Sie beruhigen sich dann selbst mit der Allerweltsmeinung, dass es die Norm ist, dass nach einer Zeit Sexualität und körperliche Nähe langweilig werden, dass es normal ist, dass jeder sein eigenes Ding macht, dass man ja heutzutage froh sein kann, wenn zu Hause Ordnung herrscht und man abgesichert ist …

Und warum werden uns diese Beziehungen als „normal" verkauft? Weil wir dadurch nie oder nur schwer in unsere Stärke kommen, weil wir nicht hinterfragen und so gut funktionieren. Nur die Seelen sind tot.

7. Kapitel

BURNOUT ALS CHANCE

Noch nie hat es so viele Menschen mit der Diagnose „Burnout" gegeben.

Jeder der einmal in dieser Situation war und sie erfolgreich hinter sich gelassen hat, weiß wie schlimm dieser Zustand die eigene Lebensqualität beeinflusst.

Undefinierbare Angstzustände, Schwindelgefühl, Trostlosigkeit, innere Leere, …

Aber warum kommt es bei immer mehr Menschen überhaupt so weit?

Betrachten wir das Ganze einmal aus spiritueller Sicht.

Von Natur aus ist jeder Mensch auf der Welt, um sich sein Leben nach seinen Bedürfnissen zu gestalten. So, dass es ihn glücklich macht. Instinktiv handelt er so, wie es seinem Urinstinkt entspricht. Oder besser gesagt: WÜRDE er so handeln.

Wäre da nicht noch das Umfeld, in dem wir leben. Die Werte, die uns durch Werbung, Medien und Lifestyle vermittelt werden. Diese äußere Beeinflussung dringt unbewusst in unser Bewusstsein und prägt uns. Wir meinen, Dinge zu brauchen oder erreichen zu müssen, um glücklich zu sein und vergessen dabei auf uns selbst. Wir gehen über unsere Grenzen, um das vermeintlich glücklich machende Ziel zu erreichen. Viele versetzen ihren Hauptlebensmittelpunkt an den Arbeitsplatz und es entsteht dadurch ein Mangel an sozialen Kontakten außerhalb und ein Mangel an körperlicher Nähe. Irgendwann folgt die Unfähigkeit, sich mit sich selbst auseinander zu setzen und man hat vergessen, was eigentlich die ursprünglichen Träume waren, die man einmal verwirklichen wollte. Man funktioniert nur mehr. Dies ist bereits der erste Schritt in Richtung Burnout.

Was tun, wenn man betroffen ist?
Jeder Mensch hat immer die Wahl. Was er daraus macht, liegt an jedem selbst.

Man kann diese vom Arzt gestellte Diagnose als Krankheit ansehen, sie hinnehmen und mit Hilfe von „Chemie" weiterfunktionieren. Man kann sich bemitleiden lassen, als Opfer der Gesellschaftsstruktur sehen und aus dem Mitleid der anderen irgendwie Lebensenergie schöpfen (Krankheit als Weg).

ODER

Man kann sich auf sich selbst besinnen und sagen: „Soll so mein Leben aussehen? NEIN, das will ich nicht! Das nehme ich nicht so hin! Das ändere ich!"

Wie behebe ich diesen Zustand?
Ich rede hier von „Zustand" und nicht von „Krankheit", weil Burnout aus spiritueller Sicht gesehen ein momentaner Zustand ist. Wie lange dieser anhält, liegt an uns selbst. Burnout bedeutet nichts anderes, als dass unsere Seele schreit: „Stopp, das ist die falsche Richtung, das macht mich nicht glücklich, das hat keine Lebensqualität! Besinne dich wieder auf dich selbst!"

Nun liegt es an uns selbst Selbstverantwortung zu übernehmen. Sich zu fragen: „Warum ist es so weit gekommen?" Wenn man das „warum" ergründet hat, fallen einem auf einmal wieder all die ursprünglichen, schönen, kleinen Dinge ein, die einen einst einmal glücklich gemacht haben. Ist man an diesem Punkt angelangt, kann man sein Leben neugestalten, seine Ziele neu definieren und mit Freude die Gegenwart wahrnehmen und in die Zukunft sehen.

Dies geht nicht von heute auf morgen. Wie lange es dauert, hängt individuell von jedem Menschen selbst ab. Aber wenn man sich entscheidet, diesen Weg einzuschlagen, wird man nach spätestens 3 Monaten bemerken, wie schön das Leben doch sein kann.

8. Kapitel

DER HOHE PREIS DES NEUEN GESELLSCHAFTSSYSTEMS

Ein Investment Guru wies auf einen Artikel der Presse Online Edition hin. Dies bewegte mich dazu, die andere Seite der Medaille einmal zu beleuchten. Unter der Headline: „35 Jahre alt! Zu alt für den Arbeitsmarkt?"[1] werden die Vorteile der unter 35-Jährigen angepriesen, die das neue Gesellschaftssystem prägen. Der Investment Guru begründet diese Entwicklung unter anderem auch damit, dass Menschen über 35, die sich schwer tun einen neuen Job zu finden, in alten Denkmustern verhaftet und unflexibel sind. Ich schätze ihn sehr, weil er klug ist und die Fähigkeit besitzt die Dinge von mehreren Seiten zu beleuchten. Ich habe seine Bücher und Vorträge auch meinem Sohn empfohlen. ABER, und da liegt jetzt der eigentliche Punkt, der meiner Meinung nach auch einmal nach außen getragen werden sollte. Und nachfolgendes habe ich mir nicht aus den Fingern gezogen, sondern diese Tatsache wird anhand der fast 32 000 Telefonberatungen und unzähligen persönlichen Gesprächen sichtbar, die ich im Laufe des letzten Jahrzehnts hatte.

Die Menschen ab 35, vorwiegend im mittleren und oberen Management tätig, geben dies nicht öffentlich Preis und verstecken sich hinter der Maske des: „Ich bin zu alt und finde deshalb keinen Job." Aber in Wahrheit ist ein großer Teil von ihnen ausgebrannt, seelische Wracks, unglücklich, wirklich nicht mehr zu gebrauchen und sie wollen auch nicht mehr in der Form gebraucht werden. Und warum? Sie wurden in ihren jungen Jahren buchstäblich „verheizt". Vielmehr ließen sie sich verheizen, weil ihnen das der Mainstream als erstrebenswert auferlegt hat.

In meiner Telefonleitung finden sich Menschen 28 Jahre aufwärts wieder, die bereits eine vorbildliche Karriere hingelegt haben und meist in jungen Jahren schon 9 000,- Euro im Monat und mehr verdienen. Das ist alles gut und lustig und irgendwie hält man das schon aus, das ewige erreichbar Sein und in der Bar abends auch noch schnell ein geschäftliches Mail zu beantworten. Denn so ist das nun mal in der jungen, erfolgreichen, aufstrebenden Gesellschaft. Von nichts kommt natürlich nichts.

Und wer will schon als Nichts gelten. Mit diesem Gedankengang beruhigen sich die vermeintlichen Gewinner einige Jahre. Aber dann: Plötzlich, über Nacht stellt sich folgendes ein. Schwindelanfälle, Angstzustände, Menschenphobie, innere Leere, Depression, Bandscheibenvorfall, Nierensteine usw.

Warum? Weil man durch dieses ewige erreichbar Sein, permanent reizüberflutete, nie zur Ruhe kommende Leben immer mehr, ohne es zu merken, den Bezug zu sich selbst verliert. Man hört auf sich selbst zu fühlen und auf seine natürlichen Rufe der Seele zu hören. Man weiß nicht einmal mehr, welche Wünsche man selbst hat. Oder hat man überhaupt andere, als die die der Mainstream ohnehin vorgibt? Nun ist man von heute auf morgen mit sich selbst konfrontiert. Nicht mehr im Stande zu funktionieren.

Anfangs rennt man zuallererst zum Arzt. Weil man will es ja nicht wahrhaben, dass es einfach nur das falsche Leben ist, das man führt, das einen krank gemacht hat. Antidepressiva schalten für eine Weile diverse Symptome aus und lassen einen noch einige Zeit weiter funktionieren. Alkohol oder Pusher können auch eine Zeit lang helfen. Doch es verzögert nur das ganze Elend. Heilt es aber nicht. Zum Schluss ist man dann endgültig gekündigt oder Ewigkeiten krankgeschrieben, weil man einfach nicht mehr zurechtkommt. Weder mit sich noch mit seinem Berufsleben.

Jeder Mensch braucht auch Ruhephasen in seinem Leben, denn sonst führt der Weg unweigerlich genau in diese Sackgasse.

Für Betroffene ist diese Sackgasse aber, sofern sie nicht resignieren und sich geschlagen geben, gleichzeitig auch ihre größte Chance. Zuerst wird man sich bewusst, dass man so gut wie keine realen, sozialen Kontakte außerhalb des Berufslebens hat. Ebenso wird man sich bewusst, dass man vergessen hat, welche Wünsche man an das Leben hat. Langsam beginnt man sich wieder zu fühlen und das wahre ICH traut sich, unsicher zum Vorschein zu kommen. Zuerst mag einem das etwas unheimlich vorkommen, aber mit der Zeit wird man immer stärker und schlussendlich hat man einen neuen Lebensplan. Und zwar einen, der genau auf einen selbst zugeschnitten ist, denn einen anderen kann man sich gar nicht mehr erlauben, da man sonst wieder in die alte Symptomatik zurück verfällt.

Menschen zwischen Mitte 30 und 50 stellen noch einmal ihr ganzes Leben auf den Kopf und beginnen ganz von Neuem. Diese Menschen, die diese Hölle durchlebt haben, sind nachher froh und würden um kein Geld der Welt mehr tauschen wollen. Leider sind es noch nicht viele, die sich diesen Schritt zutrauen.

Karen Duve behandelt in ihrem Buch: „Warum die Sache schiefgeht" auch genau dieses Thema.[2])

In ihrem Interview „Chefs sind Psychopathen" mit Zeit Online, beschreibt sie es kurz und bündig: „Unternehmen stellen keine Chefs ein, die Ideen haben, sondern welche, die Gewinn bringen", und hat zu Ihrer Feststellung, dass es in Konzernen überdurchschnittlich viele Psychopathen gibt, eine neurobiologische Definition: „Das, was man im Kernspintomografen feststellen kann. Dort ist zu sehen, dass bei Psychopathen die Gehirnareale, die für Empathie, Schuldgefühle, Reue und eigene Ängste – also das Gewissen – zuständig sind, deutlich weniger aktiv sind."

Wer also diese Voraussetzungen nicht mitbringt, ist mit ziemlicher Wahrscheinlichkeit, egal in welcher Stufe der Hierarchie er tätig ist, Burnout gefährdet. Dies ist, wenn man nicht auf sich selbst achtet, die Kehrseite der Medaille.

9. Kapitel

DIE KINDER DER NEUEN ZEIT VERSTEHEN

Vom ersten Menschen angefangen, gab es immer wieder gravierende Evolutionsschübe, in denen sich der Mensch stark veränderte und einen großen Sprung nach vorne machte. Damit kann jeder leben und das ist auch bewiesen. Sonst würden wir uns ja noch immer auf der Stufe des Neandertalers bewegen. Wogegen sich viele aber sträuben, ist die Tatsache, dass wir uns gerade jetzt mitten in so einer Phase befinden. Viele Menschen verstehen ihre Kinder nicht mehr, es sei denn, sie sind Eltern, die ebenso bereits in der weiterentwickelten Form zur Welt kamen. Wir sprechen hier von den Indigokindern. Laut einer Studie kamen 1966 vereinzelt Kinder zur Welt, bei denen dies der Fall war. Danach, ab 1980 waren ca. 15-20% der Neugeborenen Indigokinder. Es wurden immer mehr. Und seit 1996 sind es nahezu 90%. Diese Kinder, auch Engelskinder genannt, haben ganz andere Wertvorstellungen. Sie sind von Natur aus mit einem anderen, höheren Intellekt ausgestattet. Alte Erziehungsmuster sind bei Ihnen nicht anwendbar, sie sind „schneller" als die Generationen vor ihnen und sie haben allesamt eine enorme Sensibilität sich und anderen gegenüber.

Eigentlich ist es völlig logisch und auch passend, wenn Kinder, die in unsere sich schnell verändernde Zeit hineingeboren werden, ein REGES NATURELL haben. Da viele Eltern aber manchmal selbst mit eben dieser Zeit überfordert sind und dann mit der ungewohnten Aktivität ihres Kindes nicht mehr umgehen können, stufen sie dieses Verhalten fälschlicher Weise als „nicht normal" ein und suchen einen Arzt auf. Oft werden diesen Kindern dann so genannte Beruhigungsmittel verschrieben, die – wenn auch in den meisten Fällen „nur" auf pflanzlicher Basis – absolut nicht gut für sie sind. Indigos sind Menschen, denen man urmütterliche Verbundenheit nachsagen kann. Sie tragen tief im Inneren die Antworten auf die Frage, warum sie hier sind und können dies auch anderen Menschen vermitteln. Sie können sowohl eine Neigung zum Mystizismus, als auch hellsichtige Fähigkeiten aufweisen, die nicht spontan sind. Ihre Intuition kommt hauptsächlich aus dem Bauch, ist also eine sehr feminine Form. Man könnte so gesehen davon sprechen, dass eine innersinnliche Wahrnehmungsfähigkeit vorliegt und tiefe Gefühle zur Kommunikation nötig sind. Indigos haben auch häufig die Tendenz zu idealisieren.

Auf der anderen Seite kann es leicht zu Erschlaffung und sogar Depression kommen, wenn Gefühle wie Einsamkeit und Isolation vorherrschen, da es nicht wirklich zu einer Kommunikation mit der Außenwelt kommt. Auch kann die Tendenz zu Illusionen und Fantasievorstellungen groß sein, die nichts mit der Realität gemein haben. Es gibt die Auffassung, dass DNS-Veränderungen bei diesen Kindern vorliegen, wobei die Ursache dafür noch nicht geklärt ist. Ein Indigokind ist von Natur aus ein „besserer Mensch". Eigentlich müsste uns diese Veränderung schon längst bewusst geworden sein.

Die Eltern unter Euch werden festgestellt haben, dass diese Kinder, sobald sie geboren sind, schon einen festen Willen haben, wissen was für sie gut ist und dies auch kundtun. In früheren Zeiten legte man die Kinder in einen Kinderwagen und sie blieben dort. Indigokinder haben dafür kein Verständnis, sie wollen ihre Mutter spüren, sie wollen kein Fläschchen, sie wollen die Mutterbrust. Sie sind die bravsten Babys, solange sie am Körper getragen werden und menschliche Wärme spüren, während ihrer Entwicklung vom Baby zum Kleinkind wollen sie pausenlos beschäftigt werden, denn sie sind sehr wissbegierig und lernen überaus schnell.

Erkennt man dies nicht und hält weiter an den traditionellen Methoden fest, in denen man Kinder häufig schreien ließ und sonstige, heute absolut indiskutable Maßnahmen setzte, dann ziehen sie sich zurück. Dies kann später schwere Folgen haben. Man kann, ohne sich dessen bewusst zu sein, diese Seelen zerstören. Indigos beginnen in der Regel sehr früh zu sprechen. Wenn man viel mit ihnen spricht und ihnen vorliest, wird man nicht selten verwundert darüber sein, welche für uns als schwierig geltenden Worte sie sich merken und innerhalb kürzester Zeit auch richtig gebrauchen. Sobald diese Kinder in das Vorschulalter kommen, sollte man achtgeben, worüber man neben ihnen spricht. Wenn du dein Kind genau beobachtest und ihm aufmerksam zuhörst, wirst du merken, dass dieses Kind in der Lage ist, Zusammenhänge von so genannten „Erwachsenengesprächen" zu verstehen. Es wird nachher in einer ruhigen Minute seiner Mutter Fragen zu diesem Thema stellen. Mache nicht den Fehler zu sagen: „Das verstehst du nicht, das erklär ich dir, wenn du älter bist." Du willst es vielleicht nicht wahrhaben, weil es für dich nicht vorstellbar ist, aber dieses Kind versteht. Jetzt. Nicht erst später.

Unter Streitigkeiten leiden diese Kinder mehr als alle Kinder je zuvor. Sie haben eine höhere Bewusstseinsebene und wissen, dass Harmonie, Liebe und gegenseitiger Respekt das Wichtigste sind. Sie begegnen wie selbstverständlich von Anfang an jedem mit Respekt, Liebe und Fürsorge. Dies ist auch in den Schulen zu bemerken. Früher war es viel häufiger der Fall, ja eigentlich die Regel, dass es in einer Klasse immer Außenseiter gab, die dann verspottet oder regelrecht gequält wurden, weil sie schwächer waren. Kinder aus höheren Klassen hätten sich mit den „Wichten" ein paar Klassen tiefer nicht einmal abgegeben. Wenn man heute eine Volksschulklasse betritt, die nach den neuen Erziehungsmustern geführt wird, wird man feststellen, dass diese Kinder einen absoluten Zusammenhalt innerhalb der Gemeinschaft haben. Sie streiten zwar genauso wie immer, das dürfte in der Natur des Menschen liegen, nehmen aber große Rücksicht und bringen Verständnis für die Schwächen des anderen auf. Wenn einer etwas nicht kann, wird er von den anderen angefeuert, bis sein Selbstwert gesteigert ist, anstatt ihn auszulachen. Diese Kinder sagen, was sie denken und haben kein Verständnis dafür, wenn man ihnen den Mund verbietet. Das mag für die meisten

Erwachsenen als respektlos betrachtet werden, ist es aber nicht. Sie haben etwas zu sagen und wollen gehört werden.

Man sollte ihnen auch zuhören. Denn, ob man es glaubt oder nicht, von diesen Kindern kann man auch etwas lernen.

Überdenke die Worte, die dir dein Kind auf den Kopf zusagt. Auch wenn sie dir vielleicht nicht gefallen. Wenn das Kind Unrecht hat, dann sag ihm das auch, aber vergiss nicht, ihm auch zu erklären warum. Denn Indigos können mit einem einfachen NEIN nichts anfangen. Sie müssen wissen, warum sie etwas tun oder nicht tun dürfen. Sonst werden sie bockig und unerträglich. Denn Dinge, die sie nicht verstehen, akzeptieren sie nicht.

Ebenso macht es für sie keinen Unterschied, ob ein Kind ein paar Jahre älter oder jünger ist. Sie reden untereinander, Ältere erklären Jüngeren etwas, Jüngere fragen die „Großen" aus der Schule, wenn sie etwas wissen wollen, als wäre das immer schon so gewesen. Diese Kinder wissen auch genau, was sie später werden wollen. Lass sie um Himmels Willen den Beruf ergreifen, den sie sich erwünschen und glaube nicht, du wüsstest es besser. Viele wollen ihre Kinder in eine Zukunft nach ihren Vorstellungen hineindrängen. Sie wollen sicher für ihr Kind nur das Beste. Aber das ist es in diesem Fall leider nicht. Denn werden diese Kinder gezwungen, wider ihren Willen zu handeln, werden sie mit höchster Wahrscheinlichkeit versagen und ihr ganzes Leben ist damit verbaut. Sie werden die Ausbildung entweder nicht beenden oder aber daran kaputt gehen. Wenn man sein Kind jedoch in seinem Berufsziel unterstützen – mag es einem auch noch so gegen den Strich gehen –, wird man sehen, dass dieses Kind später erfolgreich sein und ein ERFÜLLTES LEBEN führen wird.

Die schlimmen Auswirkungen, die eine für diese Kinder „falsche" Erziehung haben kann, sollte man nicht unerwähnt lassen. Wie Lee Caroll und Jan Tober in ihrem Buch „Die Indigokinder" schreiben, gilt es als erwiesen, dass nahezu alle Kinder, die in den Schulen in den letzten zwanzig Jahren Amok gelaufen sind und ihre Mitschüler, ihre Lehrer oder sogar ihre Eltern ermordet haben, Indigokinder waren. Dies ist die schlimmste Auswirkung, die die verwundete Seele eines Indigokindes anrichten kann. Diese Kinder sind immer bereit zu verstehen, suchen die Kommunikation, wollen sich mitteilen und wollen verstanden werden. Sie sind hilfsbereit und erwarten dies wie selbstverständlich auch von ihren Mitmenschen. Verbietet man diesen Kindern permanent Dinge, ohne ihnen zu erklären, warum man das tut, ignoriert man so ein Kind über einen langen Zeitraum, verwehrt man ihm Zuneigung, grenzt man es aus, versucht man es zu drillen oder seinen Willen zu brechen und es mit übertriebener, immerwährender Autorität „zurechtzubiegen", dann laufen diese Kinder nicht selten irgendwann Amok oder flüchten sich in Drogen, um sich zu betäuben und selbst zu sterben.

Unsere Welt ist oberflächlich betrachtet nicht unbedingt von einer besonders heiteren, lebensfrohen und sorglosen Bevölkerung besiedelt. Diese Kinder wissen in ihrem tiefsten Inneren, ohne sich dessen wirklich bewusst zu sein, wie es besser gehen könnte. Nach diesen Idealen zu leben und so die Welt wieder in eine bessere zu verändern, ist ihr Ziel. Dafür leben sie. Wird ihnen das nicht möglich gemacht und ihnen der Weg versperrt, für sich selbst glücklich zu werden, reagieren sie manchmal auf extreme Weise. Bis diese Kinder aber Amok laufen, bitten sie die Betroffenen x-mal darum, einfach in Ruhe gelassen zu werden. Das sollte man respektieren, weil das ihr letzter Ausweg ist, sich ihr eigenes Leben zu schaffen. Auch, wenn das schwierig sein mag.

Verstehe diese Kinder; sei bereit, auch Dinge von ihnen anzunehmen, obwohl sie noch Kinder sind. Sorge dafür, dass diese Kinder sich ganz entfalten können und du wirst sehen, Indigos sind ein Geschenk. Das soll aber nicht dazu verleiten, gar nicht zu „erziehen". Regeln sind sehr wichtig. Indigos brauchen Regeln, wie alle Kinder. Aber es genügt eben nicht, einfach Regeln aufzustellen, sondern man muss ihnen gleichzeitig auch erklären, wozu diese gut sind, sonst werden sie sie nicht befolgen. Erzieht man diese Kinder gar nicht, werden sie haltlos und verwechseln Großzügigkeit mit Desinteresse an ihrer Person.

Es wurde auch beobachtet, dass gerade Indigokinder, obwohl überdurchschnittlich intelligent, in der Schule des Öfteren versagen. Dies geschieht, wenn an Schulen noch die veralteten, streng autoritären Lehrmethoden angewendet werden oder wenn die Eltern beim Lernen mit ihren Kindern diese Methoden anwenden. Häufig wird dem Kind vorgeworfen, es sei faul. Wenn dieses Kind dann während des Unterrichtes träumend ins Nichts oder zum Fenster hinaus sieht, fühlt man sich in seiner Annahme bestätigt. Lasst euch nicht täuschen! Indigokinder haben die Fähigkeit, bei zu viel Stress oder auch Langeweile zu meditieren oder gar in Trance zu verfallen, ohne dass es ihnen bewusst wird. Sie tun das automatisch, weil ihr Inneres das für richtig hält. Versteht man es jedoch, die Kinder im Unterricht zu fesseln, dann saugen sie alles Wissen auf wie ein Schwamm.

Früher machte man schon in der Grundschule in den Hauptfächern Tests, um dem Kind den Ernst näher zu bringen und sie so zum Lernen zu „zwingen". Bei diesen Kindern bewirkt so etwas das Gegenteil. Moderne Pädagogen wenden vereinzelt schon ganz andere Methoden an. Sie testen die Kinder fortwährend spielerisch, indem sie Rechen-Wettbewerbe veranstalten, die Kinder Fantasiegeschichten schreiben lassen und vieles mehr. Sie lassen diese Kinder ihre erfunden Geschichten auch abwechselnd vortragen. So wecken sie die Lust am Schreiben und Lesen und steigern ihr SELBSTWERTGEFÜHL. Diese Methoden führen garantiert zum Erfolg. Ich kann das deshalb mit Sicherheit sagen, weil ich es nicht nur von anderen Eltern aus anderen Schulen weiß, sondern weil auch mein Sohn das Glück hat, so eine Lehrerin zu haben. Die Kinder dieser Lehrerin, die jetzt schon in den höheren Schulen sind, haben sich im Gymnasium viel leichter getan als Kinder, die mit der veralteten Methode unterrichtet wurden.

Wenn dein Kind zu Hause nicht lernen will, aber schwach in der Schule ist und du meinst, dein Kind gehöre auch in Kategorie „Indigo", setzte dich mit ihm hin und sprich mit ihm. Frage es „was es einmal werden will, wenn es groß ist". Dann erklär ihm, dass es notwendig ist, dies oder jenes zu lernen, um dieses Berufsziel zu erreichen. Indigo-Kinder verstehen das und werden dann von sich aus die Initiative ergreifen. Spare nie mit Lob. Du darfst und sollst deinem Kind natürlich auch sagen, wenn es etwas falsch gemacht hat. Das ist wichtig. Aber sage niemals: „Wenn du so weitermachst, will ich dich nicht mehr." Liebesentzug und Geborgenheitsverlust ändern gar nichts am Verhalten des Kindes. Es zieht sich höchstens in sich zurück und zerbricht innerlich.

Was für diese Kinder auch sehr wichtig ist, ist der sportliche Ausgleich. Da sie von Natur aus sehr lebhaft sind, können sie sich nur konzentrieren, wenn sie auch genügend Sport betreiben oder Spielmöglichkeiten haben. Sie brauchen sowohl die Bewegung als auch die Natur. Sie lieben Sport in der Gemeinschaft und den Wettkampf. Hier entwickeln sie einen besonderen Ehrgeiz und haben großen Spaß daran. Das ist für das spätere Leben sehr von Vorteil, denn sie haben dann auch beruflich mehr Ausdauer, um ihr Ziel zu erreichen. Sie lassen sich nicht unterkriegen.

„Kuschelecken" sind auch äußerst wichtig für Indigos. Nicht nur zu Hause, auch in manchen Schulen gibt es solche bereits in den Klassenzimmern. Menschliche Wärme brauchen sie wie die Luft zum Atmen. Miteinander kuscheln ist für sie eine Selbstverständlichkeit. Und das zu Recht. Denn solltest du jemals als Individualtourist in eher ärmliche Länder gereist sein, wirst du vielleicht bemerkt haben, dass trotz Armut die Augen der Menschen lebendig sind und strahlen. Wenn man dann darüber nachdenkt, warum das in unseren Breiten viel weniger der Fall ist, wird man bald feststellen, dass diese Menschen oft zu dritt oder zu viert zusammengekuschelt in einer Hängematte schlafen. Alleine herumzuliegen ist für diese Kulturen völlig abartig. Auch tragen die Mütter ihre Kleinkinder stets bei sich. Sie haben kein Geld für Kinderwägen. Sie haben auch kein Geld für genug Betten, aber ohne es zu wissen, geben sie ihren Kleinen das Wertvollste, das man einem Kind bieten kann, nämlich Geborgenheit und Liebe.

Diese Verhaltensregeln sollten selbstverständlich für Eltern aller Kinder Gültigkeit haben. Jedes Kind gedeiht unter zärtlicher Obhut, liebevoller Führung und Verständnis am besten. Aber Indigokinder verkraften manche Dinge noch weniger als andere. So geschieht es zum Beispiel innerhalb der Partnerschaften öfter, dass auch einmal gestritten wird. Vergiss aber nicht, dich auch in Anwesenheit deines Kindes wieder zu versöhnen. Es macht sich sonst unnötige Gedanken und entwickelt Ängste, die gar nicht notwendig sind.

In gesellschaftlich höher gestellten Familien ist es oft so, dass dem Kind untersagt wird, über diese Vorkommnisse mit anderen zu sprechen. Ich weiß jetzt sind auch die „Großen" gefordert, aber tu das bitte nicht. Erstens erscheint dem Kind ein Streit als etwas noch Schrecklicheres, als er tatsächlich ist und zweitens müssen sich Kinder ihre Sorgen von der Seele reden. Erwachsene machen sich oft etwas vor, wenn sie ihre Probleme verheimlichen. Die Außenwelt merkt ohnedies, wenn ihr in eurer Partnerschaft nicht glücklich seid. Und du kannst dir sich sicher sein, dass ihr nicht die Einzigen seid, bei denen nicht alles so harmonisch läuft, wie es sich jeder wünschen würde.

Sollte es zu einer Trennung kommen, versucht nicht euch für alles Mögliche und Unmögliche zu hassen. Manchmal ist es eben so, dass 2 Menschen glauben, sie seinen füreinander geschaffen, der Alltag belehrt sie jedoch dann eines Besseren. Einer der beiden bricht dann aus der Beziehung aus und verletzt den anderen so sehr, dass dieser in eine fast ohnmächtige Wut, gemischt aus Schmerz und Hass, verfällt. Auch wenn es noch so weh tut, bedenke, dass man für seine Gefühle nichts kann. Gefühle sind nicht steuerbar. Versuche sie, loszulassen. Benütze dein Kind nicht als Machtmittel und machen Sie niemals den anderen Elternteil schlecht.

Bedenke, dass euer Kind die Gene beider Eltern in sich trägt. Die Natur hat es so gemacht, dass Kinder beide Elternteile lieben. Indigos besitzen die Fähigkeit, sich selbst ein Bild zu machen, auch wenn sie noch klein sind. Beziet euer Kind ein, lassen lasst es mitreden, wenn es um die Besuchsregelung geht. Verbietet eurem Kind bei einer Trennung den anderen Elternteil nicht, aber zwingt sie auch nicht, wenn es einmal dem Besuchsrecht nicht Folge leisten will.

Gekränkte Väter sollten auch noch etwas bedenken. Manchmal weigern sich diese aus purem Hass und gekränkter Eitelkeit, genug für ihre Kinder zu bezahlen. Ja, es stimmt, ihr erschwert eurer Ex-Frau das Leben unheimlich damit und könnt sie mit unterlassenen Zahlungen an die Grenze des Wahnsinns treiben. Aber wem am meisten damit geschadet wir, ist euer Kind. Die Mutter arbeitet wie verrückt, um das Nötigste bezahlen zu können und das Kind bleibt auf der Strecke. Bedenkt, es ist auch euer Kind, das eure Gene in sich trägt. Das Kind, das ihr gezeugt habt.

Indigos haben ein sehr analytisches Denken. Du machst einen gravierenden Fehler, wenn du meinst, du müsstest mit den Zahlungen sparen, gehe dann aber bei jedem Besuch mit deinem Kind Spielzeug und Kleidung einkaufen. Euer Kind sieht, wenn es dann wieder zur Mutter kommt, dass diese dauernd arbeitet, aber nicht einmal genug Geld für neue Turnschuhe oder ähnliche Dinge da ist. Wenn du meinst, du tust so das Richtige, dann irrst du. Denn Indigos merken das sofort. Dein Kind wird dich lieb anlächeln und auch jedes Mal brav zu dir kommen, aber es wird dich innerlich verachten (das klingt sehr hart ist aber leider so). Es wird die Beziehung zum Vater auf das Materielle reduzieren. Für ein Indigokind ist es selbstverständlich, dass innerhalb einer Familie genug für alle da ist.

Ob ihr geschieden seid oder nicht, ändert nichts an der Tatsache, dass es trotzdem alle Involvierten als seine Familie betrachtet. Entsteht dann ein großes Ungleichgewicht, zerrüttet das diese Kinder völlig. Indigos integrieren aber von sich aus automatisch die neuen Partner ihrer Eltern. Keiner der leiblichen Eltern braucht deshalb eifersüchtig zu sein. Die innige Elternliebe gilt weiter ihren leiblichen Eltern. Aber sie sehen ihre Eltern wieder strahlen und wissen, dass es so gut ist. Für sie ist die Familie jetzt einfach größer geworden. Verteufle also nicht den neuen Partner des anderen. So kann eurer „Engel" trotz Trennung in einem geborgenen Zuhause aufwachsen.

Noch etwas wurde bei Indigos beobachtet. Wenn Indigokinder Probleme haben, oder machen, oder in einem problematischen Umfeld aufwachsen, kommen Psychologen meist nicht zu dem gewünschten Erfolg. Manche dieser Kinder verschließen sich sogar häufig vor ihnen. Einem Seelsorger oder einem Religionslehrer gegenüber könnten sie sich jedoch öffnen und mit seiner Erklärung auch mehr anfangen. Warum das so ist, sei dahingestellt. Nehmen wir es einfach so, wie es ist. Vielleicht liegt es daran, dass sie einfach mit gewissen Problemen bereits UMGEHEN können. Sie empfinden sie anders als ihre Vorgenerationen.

Du kannst mit diesen Kindern sehr viel anfangen, von dem beide profitieren. Nicht nur einfaches Spielen mögen sie, sie lieben es auch zusammen mit ihren Eltern Fantasiereisen zu machen, die Natur zu entdecken oder sich gegenseitig zu massieren. Sie lieben die Tiere und auch die Pflanzen, sie basteln überaus gerne und sollten Sie gerade ihre Wohnung renovieren, helfen sie tatkräftig mit. Wenn du deinem Kind eine geborgene Kindheit ermöglichen und es dabei unterstützen, sich zu entfalten, wird es dir immer – bis ins hohe Alter – mit Respekt und Liebe begegnen.

Zusammengefasst:
Woran erkennt man ein Indigokind?

- Eine im Vergleich zu Vorgenerationen oft sehr schnelle Entwicklung
- Starke Sensitivität und Intuition, bisweilen sogar direkte Hellsichtigkeit oder parapsychologische Fähigkeiten
- Gutes Gefühl bzw. Intuition dafür, wenn man sie belügt
- Hypersensibilität auf chemische Zusätze im Essen
- Sind schwer dazu zu bringen, Dinge zu tun, die ihnen überflüssig oder unsinnig erscheinen

- Haben oft Schwierigkeiten mit absoluten Autoritäten: Starkes Selbstwertgefühl, das auch ausgedrückt wird. Sie wissen, „wer sie sind"
- Schon früh scheint eine gewisse Lebensweisheit aus diesen
- Kindern zu sprechen, später starkes philosophisches und spirituelles Interesse
- Selbstverständlicher Umgang mit Technik und Computern; Hoher Intelligenzquotient (Q z. B. um 130, 100 ist Durchschnitt);
- Schnelle Auffassungsgabe, „sehr aufmerksam"
- Durch ihre Schnelligkeit im Geist wird häufig fälschlicherweise ADS (Aufmerksamkeits-Defizit-Syndrom) diagnostiziert
- Schwierigkeiten, sich zu konzentrieren bzw. die Konzentration zu halten
- Für diese Kinder normal: Hyperaktivität, Unruhe, Ruhelosigkeit
- Frustration über festgefahrene, ritualorientierte Systeme ohne Kreativität
- Antisoziales Verhalten, rebellisch, aggressiv, wenn sie einsam oder unterfordert sind
- Wendung nach Innen, wenn sie sich unverstanden fühlen

10. Kapitel

SIND MENSCHEN VON NATUR AUS SÜCHTIG? FOLGEN SUCHT UND GENUSS DEM GLEICHEN INNEREN WUNSCH?

Das Wort Sucht ist in unseren Köpfen negativ behaftet. Wenn wir „süchtig" hören, dann verbinden wir das sofort mit Begriffen wie: schwach, minderwertig, krank und Entwöhnung, Therapie, Tod, etc.

Sucht kommt aber von „suchen". Aber wonach suchen wir denn? Menschen sind auf der Suche nach dem Gefühl der vollkommenen, inneren Erfüllung, der Leichtigkeit, des Loslassens, des „kurz einmal Hirnausschaltens", der Liebe, usw. Suchen und Wunscherfüllung bedeutet für jeden von uns etwas anderes.

Sucht ist nicht gleich Sucht. Aber süchtig sind wir alle.
Es gibt lebenszerstörende und lebenserfüllende Süchte. Ob letztendlich zerstörend oder erfüllend, hängt auch von der jeweiligen Handhabung ab. Wenn wir auf unserer Suche einen zerstörerischen Weg einschlagen, vielleicht deshalb, weil unsere Bedürfnisse so dringend sind, aber so wenig erfüllt sind, sollten wir uns aktiv unsere Suche/Sucht auf lebenserfüllende Aspekte überprüfen und diese in den Vordergrund stellen. Anderenfalls kann trotz aller Bemühung und trotz aller guten Möglichkeiten das Ergebnis negativ sein.

Provokant formuliert kommen wir, sobald wir kaum auf der Welt sind, um das Thema Sucht nicht herum.

Sehen wir uns doch einmal Kleinkinder an. Sie lieben es, sich immer und immer wieder im Kreis zu drehen, genießen es, wenn ihnen so richtig schwindlig wird. Sie lassen sich in die Wiese fallen und lachen. Und was sind die Süchte der Erwachsenen?

> „Die Quantenphysik macht mich richtig glücklich. Es gibt nur eine bewusstseinserweiternde Droge, die mir Spaß macht und die nennt sich Wissenschaft!"
> *Sheldon Cooper aus „The Big Bang Theory*

> „Die stärkste Droge der Welt ist Musik!"
> *Steven Tyler*

Es gibt viele Arten von Süchten, denen man verfallen kann. Aber nicht nur Alkoholsucht, Drogensucht, Tablettensucht und Spielsucht gehören dazu. Auch der Workaholic, der Sexsüchtige, der sein ganzes Geld in die gekaufte Liebesillusion investiert, Menschen die zwanghaft in einer Art und Weise Sport ausüben, die über ihre natürlichen Grenzen gehen, Magersucht, Fettsucht, Sucht nach Anerkennung, … das alles dient nur einem inneren Wunsch: Entweder für eine Zeit alles vergessen, was einen quält, die innere Leere füllen, dem grausamen Alltag entfliehen, die Festplatte löschen, um das unerträglich Gewordene zu vergessen und ähnliches.

Oder aber Möglichkeit zwei: In sich selbst zufrieden sein und trotzdem hin und wieder einmal einfach die Lust daran haben zu genießen. Freude daran zu finden, dem Alltag trotz bewältigter oder nur wenig vorhandener Probleme zu entfliehen, sich einfach nur einmal auf eine andere Ebene zu begeben. Nur so zum Spaß.

> „Die Liebe gibt sich im Geist zu erkennen, nicht im Körper, so wie man den Wein genießt zur Inspiration und nicht zur Trunkenheit."
> *Khalil Gibran*

Es ist meist nicht die Art der Droge, die süchtig macht. Es ist das Fehlen der eigenen Selbstliebe, Selbstakzeptanz und der eigenen psychischen Stärke und „Selbst-Bewusstheit", die aus etwas, was für den einen ein Genuss ist, beim anderen zur Droge mutiert.

Wem als Kind viel Liebe und Akzeptanz zuteilwird, wer ernst genommen und in seinen Zielen mental unterstützt wird, der wird eher den Weg des Genusses einschlagen können, als jemand der seine gesamte Kraft nur aus sich selbst ziehen kann, weil es ihm, aus welchen Gründen auch immer, an oben genannten Voraussetzungen fehlte. Dies zu schaffen, setzt eine überaus starke, naturgegebene Persönlichkeit und wenigstens einen Menschen, der einen versteht und mental unterstützt, voraus.

> **„Der besessene Spieler befindet sich in einem verzweifelten Kampf, um die Glücksfee zu zwingen, sich ihm besonders geneigt zu zeigen, besonders nett zu ihm zu sein – vielleicht, weil er als Kind das Gefühl hatte, seine eigene Mutter hätte es an Zärtlichkeit fehlen lassen.**
> Bewusst ist er davon überzeugt, dass er am Ende gewinnen *muss*, gewinnen *wird*. Aber unbewusst weiß er, dass er verlieren muss, weil die Glücksfee ihm nicht gewogen sein wird. Und so geht es weiter und weiter, dem unvermeidlichen Abgrund entgegen; er wartet nur auf die „Ungerechtigkeit" des Verlustes, damit sich die Glücksfee als lieblos erweisen möge, genauso wie er sich einst als kleines Kind „grausam" von den Eltern behandelt fühlte."
> *Ernest Borneman*

Das Gehirn ist geprägt von alten Mustern, Ängsten und Defiziten. Ebenso von (Über-) Lebensstrategien, die in der alten Realität funktionierten und vielleicht sogar überlebensnotwendig waren. Kommt man jedoch an den Punkt, an dem man sein Leben verändert, werden auch die Lebensstrategien neu definiert. Nur so kann man innerlich heilen. Dafür ist meist ein vertrauter Mensch mit einem Grundverständnis notwendig. Die Länge dieses Prozesses ist individuell von jedem selbst abhängig. Dafür gibt es keine Regeln.

„Glück ist ein Gefühl, das von einer äußerlichen Erfahrung ausgelöst wird, zum Beispiel dadurch, dass man einen Geldschein auf der Straße findet, während Freude im Wesentlichen von innen kommt. Freude ist die Rückkehr zu der tiefen, inneren Harmonie zwischen Körper, Geist und Seele. Ist diese Harmonie wieder eingekehrt, besteht kein Bedarf mehr für Anregungs- oder Beruhigungsmittel oder irgend etwas anderes, das man kaufen, verstecken, spritzen, schnupfen, anschalten oder abschalten muss."

Deepak Chopra

11. Kapitel

IMMER GUT DRAUF? WIE UNREAL!

Wir leben in einer Gesellschaftsstruktur, die ungesünder nicht sein kann. In einer Zeit, in der die Schere zwischen Reichtum und Armut immer mehr auseinander klafft, der Mittelstand verschwindet und so immer mehr Arbeitnehmer von Konzernen oder Leiharbeitsfirmen abhängig sind. Wer seine Freiheit nicht ganz verlieren möchte, schlägt sich als Freiberufler durchs Leben. Dann gibt es noch die sehr dünne Oberschicht, aus denen wiederum aufstrebende Jungunternehmer hervorgehen, deren Ziel das schnelle, große Geld ist. Einigen gelingt das auch. Aber egal in welche dieser gesellschaftlichen Schichten wir tiefer hineinblicken, die psychischen Probleme sind überall erkennbar: Innere Leere, Depression, Abhängigkeit, Panikattacken usw.

Warum ist das so? Es mag sicher von mehreren Faktoren abhängen, aber ein sehr triftiger Grund ist der Verlust der eigenen Persönlichkeit, des eigenen Charakters, das was jeden von uns individuell und besonders macht. Für die Politik, die Konzerne und die Leiharbeitsfirmen sind instrumentalisierte Menschen, die alle gleich funktionieren, die gleichen Ziele, Ideale, Ängste und Probleme haben, am leichtesten zu führen. In unserer Erfolgsgesellschaft gilt: Wenn du immer gut drauf bist, shoppen gehen kannst und dich gut vermarkten kannst, indem du gefügig bist und gut funktionierst, dann bist du ein glücklicher Mensch. Jeder will natürlich dort hin. Es wird uns ja von den Medien, egal auf welchem Niveau, nichts anderes einsuggeriert. Wer feiert, shoppen geht und immer gut drauf ist, der hat Spaß im Leben! Punkt! So ist das!

Es werden sogar sündhaft teure Seminare angeboten, in denen die, die das ewige Gut-Drauf-Sein noch nicht gut genug beherrschen, das unaufhörliche, bis zum Erbrechen 100% Gute-Laune-Gefühl erlernen können. Denn alles, was davon abweicht, ist krank. So wird es dargestellt. Und wer es dann noch immer nicht beherrscht oder sich diese Seminare nicht leisten kann, für den gibt's dann die „Ich-bin-rundum-glücklich-Pillen" in x-möglichen Variationen.

> **„Es gibt kaum etwas, das dem westlichen Menschen so fehlt wie die Stille, kaum etwas, das ihm so schwerfällt, wie die Übung der Stille. Der Lärm hält uns in seinem Bann, der Lärm der Welt, aber mehr noch das innere Getön der uns bewegenden Sorgen, der unterdrückten Gefühle, Süchte und Sehnsüchte, vor allem aber das Stöhnen, das aus der Spannung zu unserem unbefreiten Wesen stammt."**
> *Karlfried Graf Dürckheim*

Aber macht immer glücklich Sein denn überhaupt glücklich? Wieso sind wir mit so vielen, individuell verschiedenen Emotionen ausgestattet, wenn wir nur die eine leben dürfen? Melancholie zum Beispiel ist in Wahrheit ein sehr schönes Gefühl. Man ist ganz bei sich, man denkt über sich und das Leben nach, man kommt zur Ruhe. Wut ist auch ein schönes Gefühl. Man spürt sich selbst, schluckt nicht alles hinunter, sagt, was einem nicht passt, fühlt sich nachher befreit. Keines dieser Gefühle sollte einen beherrschen. Aber diese von unserem Umfeld als krank oder negativ bezeichneten Gefühle haben durchaus ihre Berechtigung. Ist man immer nur „gut drauf", dann bekommt man allein davon schon eine Depression, weil man es nicht mehr als Glück empfindet. Weil es keine Steigerung mehr gibt.

Wenn wir also eine Zeit lang nach dieser um jeden Preis glücklich, strahlend und gut drauf Methode funktionieren passiert etwas. Wir wissen nicht mehr, wer wir wirklich sind, was uns wirklich glücklich macht, welche Werte und Ziele wir selbst eigentlich haben und empfinden plötzlich eine Leere. Woher diese kommt, wissen wir auch nicht, weil wir ja jahrelang unsere

Seelenwünsche und somit uns selbst ignoriert haben. Etwas verändern trauen wir uns auch nicht, weil uns ja von klein auf gelehrt wird: „Wenn du nicht „normal" funktionierst, dann wirst du deine Rechnungen nicht mehr bezahlen können, es wird bergab gehen, usw.

So: Da sitzt man nun, gefangen in einem unfreien Leben und fragt nach dem Sinn. Aber diese Frage stellt man natürlich nicht jemandem, den man kennt. Denn sonst denkt derjenige noch, man sei verrückt. Also kauft man sich Bücher über das ultimative Rezept zum lebenslangen, ununterbrochenen Glücklich-Sein-Zustand, geht zu einem Psychologen, nimmt Tabletten, oder macht sonst irgendetwas, um diesen Zustand des Hinterfragens abzustellen und weiter maßstabgetreu funktionieren zu können.

Was fehlt also in unserem Leben wirklich? Ein echter Freund, echte Liebe, eine echte Beziehung, ein echter Zusammenhalt, ein echtes Miteinander. All diese Dinge wurden nämlich in der Erfolgsmenschenglücksgesellschaft ausgeklammert. Denn würden diese Werte gestärkt werden, würde man feststellen, dass es gar nicht sein kann, dass jemand nur, weil er er selbst ist, plötzlich unter der Brücke wohnt oder sonst wie kaputt geht. Ganz im Gegenteil: Wenn sich jeder Mensch wieder seiner Individualität bewusst ist und danach lebt, wird man feststellen, dass es kein Nachteil, sondern ein riesiger Vorteil ist und es einen sehr viel weiterbringt. Denn dann hat man automatisch Sehnsucht nach den echten Werten, kann sich gegenseitig unterstützen, hat wieder echte Freude am Leben und kann wieder richtig lachen. Und die Stress- und Tiefphasen im Leben gehören dazu, um uns dahin zu bringen und uns die Hochphasen wieder richtig genießen zu lassen.

Das ECHTE Glück hat viele Facetten.

12. Kapitel

ADVENT, ADVENT, DIE SEELE BRENNT

Vorweihnachtszeit. Die schönste Zeit im Jahr. Die meisten Menschen freuen sich drauf. Einige bekommen die Panik. Aber ist das wirklich so?

Wenn wir erzählen sollen, was uns zum Thema Advent und Weihnachten einfällt, hört man meist: Vanillekipferl, Punsch, Glühwein, Weihnachtsbäckerei, Christbaum, stillste Zeit im Jahr, Geschenke, harmonisches Familienleben, Zufriedenheit, Liebe usw.

Wenn ich an mein reales Arbeitsleben denke und die Menschen um mich herum beobachte, bietet sich mir jedoch ein ganz anderes Bild. Leider ist nur eine schwindende Minderheit wirklich fähig, diese Zeit zu genießen. Vorwiegend gleicht das ganze Szenario eher mehr einem Psychothriller oder einer Tragikomödie.

Man möchte meinen, die Menschen sind das ganze Jahr über mit funktionieren beschäftigt, arbeiten oder machen sonst wie ihr Ding. Leben ihr Privatleben und ihr Berufsleben wie in einem Hamsterrad, ohne sich großartig Gedanken um wirkliches Miteinander und wirklich Zwischenmenschliches zu machen. Egal ob das nun den Freundeskreis oder die Partnerschaft betrifft. Aber dann: So circa Mitte September macht uns die Werbung schon darauf aufmerksam, dass jetzt die Zeit der Harmonie kommt. Die Lebkuchen und Schokoschirmchen, über die wir dann 2 Wochen später stolpern, um an notwendige Lebensmittel zu gelangen, verstärken dies noch. Wir werden innerlich immer unruhiger und aufgeregter. Wenn uns dann noch weitere 2 Wochen später die Christbaumkugeln an jeder Ecke erschlagen, ist es endgültig vorbei mit unserer Beherrschung und Verdrängung. Und nun beginnt der wirkliche Weihnachtswahnsinn in unseren Köpfen zu brodeln.

Nahezu jeder verfolgt nur ein Ziel. Ohne an vorher oder nachher zu denken, interessiert es uns nur mehr, wie wir es schaffen, pünktlich am 24.12. glücklich und zufrieden mit unserer Familie oder unserem Partner oder beidem, unter dem Christbaum in aller Glückseligkeit zu zerschmelzen. Menschen kommen sogar auf die Idee, ihren/ihre Ex wieder kurzfristig zu reaktivieren, indem sie ihm/ihr vorübergehend noch „eine 2. Chance" geben, nur um an diesem einen Tag mit der vermeintlich „glücklichen Masse" mitschwimmen zu können. Singles klagen mir ihr Leid, wie furchtbar es ist, genau diesen Tag alleine verbringen zu müssen. Ehemänner die schon längst nicht mehr mit ihrem Kopf und ihrem Herzen zu Hause wohnen, deren Körper dort nur noch anwesend ist, wollen genau an diesem Tag den Erwartungen entsprechen und ein guter Ehemann sein. Ehefrauen, die ebenso schon längst andere Interessen pflegen als die ihres Ehemannes, reißen sich für genau diesen Tag zusammen und wenden all ihre Kraft auf, um die Familie nicht zu enttäuschen. Es wird mehr Geld ausgegeben, als man vielleicht hat, nur um zu entsprechen. Menschen, die einem das ganze restliche Jahr über mehr oder weniger egal sind, werden unter den Christbaum gekarrt und „umsorgt". Da wird auch nicht einmal nachgefragt, ob diese Zwangsbeglückte überhaupt Lust haben, diesen einen Tag umsorgt zu werden. Alles braucht an diesem einen Tag seine Richtigkeit. Unlängst erzählte mir eine Dame, dass sie schon längst einen „Neuen" hat, aber sie möchte Ihren Partner erst am 25. Dezember darüber in Kenntnis setzen, da sie ihm ja Weihnachten nicht verderben möchte. Der arme Mensch wird sich wahrscheinlich an Weihnachten noch einmal total ins Zeug legen, um die Beziehung zu retten, nicht wissend, dass es diese gar nicht mehr gibt.

Betrachtet man dies von außen, erscheint es einem nahezu absurd, was so ein Mainstream in unseren Köpfen für einen Irrsinn auslöst. All diese Menschen sind in Wirklichkeit heilfroh, wenn genau dieser Tag vorbei ist. Hauptsache die anderen merken es nicht.

Dabei wäre es so einfach. Nein. Es IST so einfach. Ob man Single ist oder nicht, ob in einer Beziehung oder nicht, „Oh, du fröhliche" kann man wirklich empfinden. Aber nur dann, wenn man Weihnachten einfach mit Menschen verbringt, die man von Herzen gern mag. Und an die lieben Singles: Wo steht denn bitte geschrieben, dass es ausgeschlossen ist, mit Freunden gemütlich unterm Christbaum zu sitzen, zu essen, Glühwein zu trinken und es sich nett zu machen? Probiert es einmal aus. Das macht Spaß! Und beneidet nicht diejenigen, die in einer Partnerschaft sind. Nicht alle haben es schöner als ihr. Ebenso ist es gar nicht nötig, hunderte von Euro auszugeben, um jemandem seinen Stellenwert zu zeigen. Der zeigt sich in Wahrheit durch ganz andere Dinge.

Also, Ihr lieben Menschen. Macht Euch nicht so einen Stress und genießt diesen Tag so wie IHR es wollt. Nicht wie es die Gesellschaft vorschreibt. Macht es euch einfach schön. Jeder auf seine individuelle, persönliche Art, dann wird Weihnachten wieder das, was es ursprünglich war: Ein Festtag für die Seele.

13. Kapitel

DIE WILDE FRAU
DIE UR-FRAU IN UNS

Sie beginnt gerade in den letzten Jahren „zu schreien". Sollten wir sie nicht erhören und damit allen ein besseres Leben bescheren, wird das Böse enden. Aber wir haben ja immer die Wahl.

Damit uns dies gelingt, müssen wir zuallererst einmal verstehen, was die „Ur-Frau" in uns eigentlich ist. Die Ur-Frau ist der Urinstinkt in uns, der leider bei den meisten Frauen nur mehr in Bruchstücken vorhanden ist oder ganz tief in ihnen verschüttet ruht. Wir haben Jahrtausende „gegen uns" gelebt – jetzt bekommen wir die Rechnung präsentiert. Nicht nur wir, sondern auch die männliche Variante der Spezies Mensch. Steigende Unzufriedenheit und völlige „Erkaltung" im zwischenmenschlichen Bereich machen uns allesamt krank.

Woran genau liegt das?

Dazu müssen wir bis 1500 v. Chr. zurückgehen. Dort werden wir die Wurzeln finden. Was das mit dem Hier und Jetzt zu tun hat? Ihr werdet es gleich sehen.

Uns wird immer gesagt, Kriege, Gewalt und Hass gab es schon immer. So sind Menschen eben. Aber das stimmt nicht wirklich.

Diese total erkaltete Welt entwickelte sich erst im Zeitalter des Patriarchats, der Männerherrschaft. Bis 1500 v. Chr. herrschte vorwiegend das Matriarchat. Frei übersetzt: „Die Frauen regierten."

Was versteht man unter matriarchaler Lebensform?

Das Matriarchat ist eine menschliche Kulturform, die sich bereits in den hunderttausenden von Jahren menschlichen Zusammenlebens während der Altsteinzeit verbreitete. In diesen langen Zeiträumen entwickelten die Menschen Sprache, Riten und Mythen, um ihren Zusammenhang mit Natur und Kosmos symbolisch auszudrücken und diese ersten Formen weiblich geprägter Kultur und Religion an die Nachwelt weiterzugeben.

Eine geradezu rasante Entwicklung – auch neolithische Revolution genannt – nahm die menschliche Kultur dann mit der Entwicklung von Ackerbau, Gartenbau und Viehzucht. Die Menschen wurden sesshaft und bauten Hütten und Häuser, sammelten ihre Vorräte in Tongefäßen und perfektionierten ihre handwerklichen Fähigkeiten. Vor mehr als 10 000 Jahren entstanden die ersten Städte und auch Anfänge einer Schrift gibt es schon um ca. 7 000 v. Chr.

Die matriarchale Zivilisation war auf ihrem Höhepunkt in Kreta – der „Mutter Europas" – einer Hochkultur mit Städten, einem Straßennetz und Stadtplanung, prächtigen Wohnpalästen, einer großen Handelsflotte für ihre weitreichenden Wirtschaftsbeziehungen und nicht zuletzt einem reichen Kulturleben, bevor sie von kriegerischen patriarchalen Völkern zerstört wurde.

Die Ur-Frau spiegelt die eigentlichen Talente, Aufgaben und Fähigkeiten einer Frau wider, die die meisten Frauen von heute längst vergessen haben.

Da der Mann ganz andere Fähigkeiten und Aufgaben besaß, gestaltete er die Welt nach seinen Vorstellungen. Damals nicht ohne sich bewusst zu sein, dass die Frau eigentlich – bedingt durch ihre emotionale Intelligenz und die Fähigkeit, mehrdimensional zu denken – das stärkere der beiden Geschlechter ist. Die Ur-Frau spiegelt die eigentlichen Talente, Aufgaben und Fähigkeiten einer Frau wider. Also musste er sie zuallererst einmal bändigen, ihre Fähigkeiten im Keim ersticken. Denn ist die Ur-Frau in ihr geschwächt, wird Frau kraftlos. Dies geschah in Jahrhunderten andauernden Kämpfen. Denn der Urinstinkt des Mannes ist es, sich mit seinen Geschlechtsgenossen zu messen. Da geht es um Kraft, um Kampf, um „Der Stärkere hat das Sagen". Für den Mann war es immer überlebenswichtig, stark zu sein und zu kämpfen. Sonst wären ganze Völker verhungert oder von wilden Tieren zerfleischt worden.

Als das Patriarchat jedoch Einzug hielt, war die menschliche Entwicklung schon so weit fortgeschritten, dass es nicht mehr nötig war, Tiere zu jagen, um zu überleben. Die Frauen hatten ja in der Zwischenzeit schon alles erfunden, was ein schönes Zusammenleben einfach und gemütlich machte. Die Männer fühlten sich nun ihrer Lebensaufgabe und Verantwortung beraubt sinnlos und wurden unzufrieden. Sie kannten auf Grund ihrer Erbmasse nur ein Mittel, um – wie sie glaubten – wieder zufrieden zu werden: Nämlich Macht durch Kampf und Eroberung.

Die Entmachtung der Frau geschah in vielerlei Schritten über Jahrtausende. Durch körperliche Gewalt, Gründung von Kleinfamilien, Hexenverbrennungen, Verbot der Weiterbildung und vieles mehr. Die Ur-Frau ist grundsätzlich sehr vielseitig interessiert und psychisch wesentlich belastbarer als der Mann. War eine Frau überhaupt nicht mehr zu bändigen und folgte ihren Urinstinkten, wollte sich bilden oder Ähnliches, geschah es vor nicht allzu langer Zeit noch, besonders in reicheren Familien nicht selten, dass sie vom männlichen Hausarzt als wahnsinnig eingestuft wurde und in der Psychiatrie landete.

Den Höhepunkt dieser Entwicklung erreichte „Mann" in den 5oer- und 6oer-Jahren. Da wurde die Frau endgültig nur mehr als Dekorationsmaterial benutzt und aufs Gebären reduziert. Wenn man sich heute einen Werbespot von damals ansieht, möchte man es kaum glauben. Man verliert den Respekt vor dem eigenen Geschlecht. Da werden Frauen als leere Dekorationsmaterialen missbraucht, die mit einfältigem Gesichtsausdruck und Rüscherlschürze in die Kamera lächeln und erzählen, wie glücklich sie doch sind, weil ihr Mann Ihnen diese wunderbare Waschmaschine gekauft hat. Sieht man sich das heutzutage an, dann kann man es kaum fassen.

AUS DEKORATIVER RÜSCHERLSCHÜRZE WURDE VERMÄNNLICHTE POWER-EMANZE

Diese Zeit gab den Anlass für eine weitere Fehlentwicklung. Die Frau begann sich aufzulehnen, was ja grundsätzlich schon allerhöchste Zeit war. Das Zeitalter der Emanzipation begann. Das

Problem war nur, dass die Frau durch die Jahrtausende währenden Fesseln ihre eigentlichen Instinkte verloren hatte. Ihr Ziel war, wieder an die Macht zu gelangen. Sie kannte jedoch nur die patriarchalen Mittel, denn ihre eigentlichen Fähigkeiten und Handlungen, die viel mehr bewegen und ihr und allen anderen Menschen auch wirkliche innere Zufriedenheit verschaffen konnten, waren verkümmert. So rannten Horden von aggressionsgeladenen Frauen in Wanderkleidung auf die Straße, wollten Männerberufe ausüben, wollten den Mann an den Herd verbannen und erreichten das auch alles. Aber wirklich zufrieden sind wir heute trotzdem nicht. Weder Mann noch Frau. Ganz im Gegenteil: Viele von uns sind vollkommen überfordert. Aber es hat uns zumindest gezeigt, dass wir sehr wohl in der Lage sind, patriarchale Gesetze umzustoßen und alles zu erreichen, was wir uns vorgenommen haben, wenn wir uns nur organisieren und unsere Ziele klar definieren.

DAS TRAURIGE ENDE DES PATRIARCHATS?

Der Fortschritt unserer Zivilisation ist beeindruckend, nichts scheint unmöglich, der moderne Mensch sprengt alle natürlichen Grenzen, wie Raumfahrt, Computer- und Gentechnik zeigen. Gleichzeitig ist gerade die Moderne voll von Gewalt und Kriegen, von Ungerechtigkeit und Ausbeutung von Mensch und Natur Die Menschheit ist im Begriff, den Planeten Erde zu verwüsten und unbewohnbar zu machen. Die Jahrtausende unserer bekannten Geschichte stellen sich im Rückblick nicht anders dar, als eine Abfolge sich bekämpfender Großreiche und Imperien, die die Welt nach ihrem Bilde formten und formen. Damals wie heute berauscht sich die Elite an ihrer Macht und ihrem Reichtum, während die arbeitende Bevölkerung fast nichts zu sagen hat und sich mit dem zufrieden geben muss, was die Mächtigen ihr zugestehen.

> **„Ein Leben, bei dem nicht von Zeit zu Zeit alles auf dem Spiel steht, ist nichts wert."**
> *Luise Rinser (*1911)*
> *Schriftstellerin*

EINE FRAU BRAUCHT DAS GESPRÄCH MIT IHRESGLEICHEN, DENN NUR DADURCH WÄCHST SIE UBER SICH HINAUS

Dass immer mehr Frauen in die Politik gehen, ist eine gute Sache. Jedoch nur dann, wenn sich Frau auf ihre Urahninnen zurückbesinnt und ihre Urinstinkte wieder entwickelt. Im Matriarchat haben die Frauen es möglich gemacht, ganze Imperien zu gründen. Aber nicht mit Gewalt, sondern mit Miteinander und durch Zusammenhalt. In der Antike gab es richtige Paläste, aber nicht etwa für Herrscher und ihr Gefolge, sondern für die Allgemeinheit. Es gab großzügig gebaute Hallen, die nur für Frauen zugänglich waren. Sie trafen sich dort, wann immer sie Zeit hatten, um zu reden, zu lachen, gemeinsam zu kochen und neue Pläne zu schmieden. Eine Frau braucht das Gespräch mit ihresgleichen. Denn nur dadurch wächst sie über sich hinaus. Eine Frau denkt ursprünglich für das Wohl der Allgemeinheit. Sie ist diejenige, die fähig ist, Kinder zur Welt zu bringen. Das Schicksal des Kindes liegt in ihren Händen. An ihrer von der Natur gegebenen Herzenswärme liegt es, ob ihr Kind – und damit Generationen – glücklich wird oder nicht. Das ist eine große Verantwortung, zeigt aber auch, wie mächtig eine Frau eigentlich ist.

Natürlich konnte sie das nicht alles alleine. Um dies alles möglich zu machen, brauchte sie dazu natürlich auch den Mann. Aber den Ur-Mann eben.

DIE STÄRKE EINER UR-FRAU IST UND WAR SCHON IMMER DER HANDEL

Eine herausragende Fähigkeit der Ur-Frau ist es, Konzepte und Pläne zu erstellen, um ein für alle befriedigendes Miteinander möglich zu machen. Das beginnt bei der Planung einer Stadt und endet in den eigenen vier Wänden. Nur einer Frau ist es auf Grund ihrer Beschaffenheit möglich, bei einer Stadtplanung automatisch auch an die Nahversorgung, die menschlichen Bedürfnisse, die optimale Fortbewegung und auch an Spielmöglichkeiten für Kinder, Zentren für Erwachsene, gemischte Zentren und Zentren für Frauen und Kinder gleichzeitig zu denken.

Aufgrund seines eindimensionalen Denkens wird ein Mann dazu nie fähig sein. Die Stadtplanung eines Mannes ist vielleicht hoch technologisiert, da verliert er sich sogar im Detail, aber irgendetwas wird er dabei immer vergessen. Dafür gibt es unzählige Beispiele. Wohnghettos hätte eine Ur-Frau niemals auch nur angedacht.

Die Stärken des Mannes hingegen liegen in der präzisen Ausführung dieser Pläne. Seine eindimensionale Denkweise lässt ihn genauestens arbeiten. Durch seine Anatomie ist er für körperliche Herausforderungen auch besser geeignet als eine Frau. Die Stärke einer Ur-Frau ist und war schon immer der Handel. Eine Frau hat ein Gespür dafür, was den Menschen gefällt und wie viel es dem Kunden wert ist, dafür zu bezahlen. Im Matriarchat gingen die Männer vorerst jagen, später bewirtschafteten sie den Acker, versorgten das Vieh und trugen so ihren Anteil zum Überleben bei. Die Frau aber ging mit den Eigenprodukten auf den Markt und machte daraus Geld oder tauschte sie gegen andere nützliche Dinge für ihre Familie. Ein Mann hingegen ist nur im Patriarchat fähig, Geschäfte erfolgreich abzuschließen. Da trifft er nur auf Männer oder entweiblichte Frauen. Begegnet er dann doch einmal einer Ur-Frau, wird das Geschäft unweigerlich zu ihren Gunsten ausfallen.

DIE UR-FRAU IN UNS ist auch für den Wohnbereich zuständig. Sie richtet sich so ein, dass das Zuhause für sie und die Menschen, die ihr wichtig sind, Gemütlichkeit und Geborgenheit ausstrahlt. Sie braucht keine Feng-Shui-Bücher und keine Innenarchitekten. Sie wird aus eigenem Antrieb heraus das Richtige tun. Eine Ur-Frau ist mit sich selbst zufrieden und deshalb auch fähig, Liebe zu geben und ihre Umgebung damit anzustecken. Ein Mann kann dies nicht. Es gehört auch nicht zu seinen Aufgaben. Wenn ein Mann in seiner Wohnung Kerzen anzündet oder gar Duft-Lämpchen mit diversen ätherischen Ölen besorgt, dann deshalb, weil er sich entweder bewusst ist, dass diese

Dinge bei einer Frau einen gewissen Zweck erfüllen oder weil er es von der Frau, die er in der Vergangenheit geliebt hat, gewohnt ist. Er weiß nicht genau, warum er das tut. Doch sein Unbewusstsein weiß, dass er es braucht. Er ist nur nicht dazu bestimmt, sich darum zu kümmern.

UR-FRAUEN HABEN KEIN KONKURRENZDENKEN UNTEREINANDER. DAHER KÖNNEN SIE SICH ORGANISIEREN UND SO BERGE VERSETZEN

In der heutigen Zeit sind viele Menschen total überfordert. Karriere-Frauen machen sich im täglichen Kampf um ihren Chefsessel das Leben absolut unlebenswert, um dann mit 40 schnell noch Kinder in die Welt zu setzen. In weiterer Folge sind sie in den Wechseljahren, wenn das Kind in die Pubertät kommt und halten dem Druck nicht mehr stand. Oder sie bekommen schnell das Kind und nehmen sich dann eine Nanny, um ihre berufliche Position nicht zu verlieren. Damit leben sie dann erst recht an ihrem eigentlichen Leben vorbei.

Im Matriarchat war es so, dass die Frau sich den Mann aussuchte, von dem sie ein Kind wollte. Wenn sie ihn liebte und die zwei harmonierten, blieben sie zusammen. Wenn nicht, gab es keine Diskussion. Es war normal, dass der Bruder der Frau der männliche Hauptbezugspartner des Kindes war. Zusammenleben und Sexualität gab es immer nur der Liebe und der Lust wegen. Im Matriarchat „besaß" keiner den anderen, man lebte in gegenseitigem Respekt zueinander. Da die Kinder ungezwungen aufwuchsen und mehrere männliche und weibliche Vorbilder hatten, konnten allesamt eine starke Persönlichkeit bilden.

FRAU UND MANN BRAUCHEN SICH GEGENSEITIG, UM WIRKLICH ZUFRIEDEN ZU SEIN

Wenn man das Matriarchat auf die heutige Zeit umlegen würde, ginge der Mann seiner Arbeit nach und brächte das Geld nach

Hause. Die Frau würde aber wiederum bestimmen, was mit einem Großteil des Geldes geschehen soll – vorausgesetzt die beiden haben auch Kinder. Denn eine Frau und ein Mann brauchen sich gegenseitig, um wirklich zufrieden zu sein. Die Frau ermöglicht dem Mann, den Kindern und sich selbst ein wunderschönes Zuhause. Sie nimmt sich Zeit für sich, ihre Interessen und ihre Freundinnen, um ihre Liebe und Fürsorge ihren Kindern und ihrem Mann geben zu können. Das wiederum macht den Mann glücklich, stark und erfolgreich. Sie trägt also mindestens so viel zum Verdienst bei wie er. Das klappt natürlich nur, wenn es sich um eine Frau handelt, die zu ihren Urinstinkten gefunden hat. Ansonsten wird sie losziehen, sich aus Frust teure Klamotten kaufen und in patriarchalischem Stil mit ihrem Egoismus und ihrer inneren Unzufriedenheit sich und ihre Lieben in den Ruin treiben.

Es gibt aber auch Ur-Frauen, deren Leben für etwas anderes bestimmt ist, als Kinder zu bekommen. Sie sind ebenso wichtig für die Gesellschaft, weil sie einiges dazu beitragen können, um das Leben auch außerhalb der vier Wände wieder lebenswert zu machen. In leitenden Positionen aller Art, als Entscheidungsträger in sozialen Bereichen und in der Politik werden Ur-Frauen einen Weg finden, um Elend, Überforderung und allgemeine Unzufriedenheit völlig aus der Welt zu schaffen. Männer haben ihrer Natur wegen ein Konkurrenzdenken, deshalb wird ihnen dies ohne Hilfe nicht gelingen. Ur-Frauen aber konkurrieren nicht untereinander. Deshalb können sie sich organisieren und so Berge versetzen.

Übrigens ist es in der matriarchalen Lebensform kein Problem, wenn eine Frau arbeiten gehen und gleichzeitig Kinder großziehen will. Denn es wird automatisch immer jemand Vertrauter für die Kinder da sein.

WIR LEBEN IN EINER ZEIT ENTFRAUTER FRAUEN UND VERWEIBLICHTER MÄNNER

Im Augenblick allerdings besteht unsere Welt noch zu einem überwiegenden Teil aus entfrauten Frauen. Das Patriarchat hat sie kaputt gemacht und sie wenden automatisch dieselben Strategien an, wie ihre männlichen Vorbilder. Erst die patriarchale Lebensform schuf ein Konkurrenzdenken zwischen den Frauen. Das kommt noch aus den Anfängen. Die Männer damals wussten, dass die Stärke der Frauen, ihr Intellekt und ihre Schaffenskraft nicht zuletzt in ihrem unerbittlichen Zusammenhalt lagen. Deshalb galt es, genau diesen zu bekämpfen. Der Mann wollte damals die Frau besitzen, denn nur, wenn er sie besitzt, kann er sie „klein halten". In den Jahrtausenden dieser Entwicklung führte das dazu, dass Töchter in einem Ausmaß von den anderen erwachsenen Frauen isoliert wurden, dass sie nur mehr ihre Mutter als Vorbild sahen. Sie hatten keine Möglichkeit, Vergleiche anzustellen und dadurch eine eigene Persönlichkeit zu entwickeln. Wenn sie eine untertänige Mutter hatten, war es für sie normal, sich unterzuordnen. Nicht nur, dass im Matriarchat eine Frau ihren Mann nicht besitzen wollte, sie ließ auch ihren Kindern die Wahl, an wem sie sich orientierten. Sie war immer für sie da, gab ihnen ein schönes Zuhause, versorgte und beschützte sie, denn das war selbstverständlich.

Die Struktur der damaligen Dörfer und Städte war sehr großzügig angelegt. Jeder hatte sein Heim, in dem genug Platz war, und es war selbstverständlich, dass alte Menschen einfach in die Gemeinschaft integriert wurden. Das Problem der Vereinsamung gab es nicht.

DIE „WILDE" FRAU IST INHUMAN WIE DIE NATUR!

Einige der heutigen Frauen haben die „wilde" Frau in sich wieder entdeckt, sind zu ihren Wurzeln zurückgekehrt, haben ihre Mitte gefunden. Es werden immer mehr. Wenn die Mehrheit der Frauen so weit ist, wird sich die Welt vielleicht in letzter Minute wieder zum Positiven verändern.

Woran erkennst du nun die Ur-Frau in dir oder die „wilde" Frau überhaupt?

Die „wilde" Frau ist ganz anders, als wir uns das vielleicht erhoffen oder wünschen. Sie ist inhuman wie die Natur. Die Ur-Frau ist nicht immer nur nett, man kann sie nicht bezaubern und auch nicht beschwatzen. Sie hört zu, ist aber in der Lage, sich ein Bild zu machen und dann nach ihrem inneren Gefühl zu handeln. Die Ur-Frau ist auch zornig und lässt ihrer Wut freien Lauf. Ebenso ist sie in manchen Dingen unsagbar hart. Das muss sie sein. Denn um seine Kinder in richtigem Maße loszulassen, braucht es manchmal die Härte einer Rabenmutter. Die zu kleine Mutter, die ihren Sohn zu sehr liebt, will ihm eigentlich nur Gutes. Sie lässt es jedoch nicht zu, dass er hinausgeht, um zu lernen, wer er ist. Sie macht damit – auch wenn es weh tut – einen fatalen Fehler. Sie verpasst ihm ein schönes Gewand, einen adretten Haarschnitt und macht einen braven Kavalier aus ihm. Dass es auch noch anderes gibt, soll er gar nicht sehen. Er soll sich nicht an verschiedenen Männern orientieren. Er soll so werden, wie die zu kleine Mutter es für richtig hält. Später greift dieses Vorzeigekind dann zu Mitteln, die uns das Blut in den Adern gefrieren lassen, nur um sich der Obermacht ausgelebter Weiblichkeit zu entziehen. Bei Töchtern ist es übrigens genauso.

Die „wilde" Frau sucht sich den Vater ihrer Kinder aus. Und zwar nach Kriterien, die ihr wichtig erscheinen. Sie nimmt sich einen Mann nicht des Geldes wegen, sondern allein um die Liebe zu genießen, um Spaß in der Sexualität zu haben und mit ihm ein schönes Leben führen zu können. Sie wählt ihn danach aus, ob er auch ihre Lebenseinstellung teilt.

PRODUKTIVITÄT MACHT STARK, OBERFLÄCHLICHKEIT LÄSST DIE MENSCHEN EMOTIONAL VERKÜMMERN

Die Ur-Frau kritisiert. Sie hinterfragt aber auch die Kritik, die andere an ihr ausüben. Als Kind ist sie meist unzähmbar, das ist auch gut so. Denn lässt man sie, wird sie ihren Weg machen. Sie ist nicht orientierungslos. Sie sucht sich eben nur mehrere Frauen, an denen sie sich orientieren kann. Sie durchlebt meist eine wilde Jugend und schert sich nicht darum was andere denken.

Sie fordert sowohl in der Freundschaft als auch in der Partnerschaft ihre Lieben durch Produktivität. Wenn sie merkt, dass ein ihr wichtiger Mensch ins Unglück rennt, ist sie gnadenlos und sagt demjenigen das auch ins Gesicht. Nur so kann sie ihn vor Fehlern bewahren. Ihr Grundsatz ist: Produktivität macht stark, Oberflächlichkeit lässt sie emotional verkümmern. Ebenso würde sie aber für ihre Liebsten das letzte Hemd geben. Sie teilt alles, wenn sie der Meinung ist, dass es Sinn macht und sie dadurch wirklich helfen kann.

UM IN DIE HÖCHSTEN HÖHEN EMPORSTEIGEN ZU KÖNNEN, MUSS MAN AUCH DIE TIEFSTEN TIEFEN DURCHLEBEN

Mit ihr sinnlos erscheinenden, aufgezwungenen Regeln und Zwängen kann sie nichts anfangen. Deshalb ist sie trotz ihrer reichen Lebenserfahrung, ihrer Intelligenz und ihrer starken Persönlichkeit nicht „konzerntauglich". Sie wird in solch patriarchal geführten Unternehmen nur auf Ablehnung stoßen. Auf Grund ihrer Eigenschaften durchlebt die „wilde" Frau so ziemlich alle Höhen und Tiefen, die das Leben zu bieten hat.

Ihr Gesicht ist deshalb gezeichnet von der Geschichte ihres Lebens. Das macht sie aber nur schön. Ihre urtümliche innere Schönheit erstrahlt bis ins hohe Alter.

Um in die höchsten Höhen emporsteigen zu können, muss man auch die tiefsten Tiefen durchleben. Daran spürt man, dass man lebt und nur dann ist es möglich, am Ende Zufriedenheit und Glück zu erlangen …

Buchtipps zum Thema:
„Die Wilde Frau" von Angelika Aliti,
„Die Zivilisation der Göttin" von Marija Gimbutas

14. Kapitel

DIE FOLGEN DER HOCHTECHNISIERTEN UND DIGITALISIERTEN WELT NÜTZLICHES UND SCHÄDLICHES

In meinem letzten Kapitel möchte ich mich unter anderem der Wirkung der Social-Media-Kanäle auf die Psyche der Menschen widmen. Dies liegt mir sehr am Herzen, da nahezu niemand darüber nachdenken will, was diese Zeitgeisterscheinung eigentlich auch anrichten kann.

Diverse Social-Media-Kanäle sind überschwemmt von selbsternannten „Experten". Google findet „Experten" für „Eh-Alles". Jeder dieser Experten beweihräuchert sich selbst, indem er seine Art die Welt zu sehen, als die einzig Wahre ansieht.

Der Experte mit den meisten Klicks, den meisten Followern und den meist gelikten „wie lebe ich richtig" Videos hat in den Köpfen der User meist recht, wird weiterempfohlen, bekommt noch mehr Likes und so weiter und so weiter. Was genau passiert da in den Köpfen der Masse? Die Masse ist durch die Reizüberflutung dieser „Expertenmeinungen" wie ferngesteuert „obrigkeitshörig" geworden und vergisst immer mehr selbst zu hinterfragen, über Lebensthemen nachzudenken und sich selbst eine Meinung und ein Urteil zu bilden. Ist ja bequem, wenn man ein Problem hat, nach der Lösung googelt, sich ein Expertenvideo anschaut und das Gefühl hat, nun etwas gelernt zu haben.

Nur was macht das mit uns? Und wieso vertrauen wir einem Menschen, von dem wir nichts wissen, ihn noch nie persönlich gesehen haben und keinerlei Ahnung haben, was dieser Mensch eigentlich für eine Ausbildung hat? Ebenso wissen seine Fans nicht, wie es in seinem realen Leben mit seiner eigenen Problembewältigung aussieht. Früher war das Motto: Learning by doing. Wenn wir etwas nicht wussten, fragten wir jemanden von dem wir wussten, dass er/sie sich wirklich auskennt, kauften uns Fachbücher, probierten Dinge selbst aus, bis wir auf die Lösung kamen, und wir eigneten uns so Wissen an, dass wir auch bewusst verstanden. Das Internet macht möglich, dass wir Stichwörter googeln, schauen was da kommt, das ganze querlesen und nicht hinterfragen, ob das stimmt oder ein sinnfreies Gebrabbel von jemandem ist, der gerne ins Rampenlicht möchte. Wir glauben es einfach, weil es ja dasteht oder in einem Video gesagt wird. Es gibt auch wirklich gute Seiten und Videos zu allen Themen, aus denen man wirklich etwas lernen kann, aber wir unterscheiden nicht mehr. Denn das kostet Zeit und das Motto der Jetztzeit lautet: Wir haben keine Zeit. Macht man das nun immer, so passieren 2 Dinge: Erstens gewöhnt man sich daran, ohne Kommunikation Dinge zu erfahren, weiß aber auch nicht, ob man das Gelesene oder Gehörte verstanden und richtig interpretiert hat. Man glaubt, es verstanden zu haben und beharrt nun darauf, dass man Recht hat. Das führt dazu, dass, wenn man dann im realen Leben auf jemanden trifft, der wirklich Wissen und Können hat, und dieser Mensch einem dann vielleicht sagt, dass man da etwas missverstanden hat, man anstatt dankbar zu sein, etwas dazu gelernt zu haben, sich kritisiert, gemobbt oder gedemütigt fühlt und das überhaupt nicht annehmen kann, obwohl der andere einen eigentlich nur unterstützen will, dass man noch besser wird. Aber warum passiert das? Weil wir es nicht mehr gewöhnt sind, eine beidseitige Unterhaltung zu führen, in den Dialog zu gehen, richtig zu diskutieren und so weiter. Heutzutage ist es fast nicht mehr möglich eine echte Diskussion zu führen. Denn das beinhaltet mitunter auch, dass Menschen mit verschiedenen Meinungen zu einem Thema aufeinandertreffen. Und genau das ist etwas, das den Blinkwickel und den Horizont erweitert. So wird das aber nicht gesehen. Die wenigsten sind bereit, auch den Standpunkt des Gegenübers zu überdenken, sich selbst eine Meinung zu bilden, um dann zum Schluss zu kommen, dass man entweder doch bei seiner Meinung bleibt, dass vielleicht der andere Recht hat oder dass die Wahrheit in der Mitte liegt. Besonders bei den Menschen unter 30 ist mir aufgefallen, dass sie es manches Mal sogar als persönliche Beleidigung empfinden, wenn der Diskussionspartner eine andere Meinung hat und einfach niveaulos untergriffig dagegen schießen, als würden sie angegriffen werden. Sie können auch sehr schlecht einstecken, teilen deswegen auch nicht wirklich aus und so ist es nicht möglich, ein Rückgrat und eine starke Persönlichkeit zu bilden. Es wird, so gut es geht, Problemen ausgewichen und der Kontakt nur zu Menschen gesucht, die der gleichen Meinung sind. Das führt dazu, dass man sich selbst in der Weiterentwicklung hemmt. Indem man nicht verschiedenste „Parallelwelten", aus denen unsere Gesellschaft besteht, kennenlernt, dann kann man sich in Notfällen auch in keiner anderen als in „seiner Welt" zurechtfinden, kann sie nicht verstehen und es ist auch schwieriger auf 2 Beinen zu stehen. Nicht nur das World Wide Web spielt hier eine Rolle, auch die Konzernpolitik ist daran mitbeteiligt. In einer Konzernhierarchie denkt nur der oberste Kreis, dann gibt es darunter leitende Positionen, die nur dafür zuständig sind, die letzte Riege unter sich zu kontrollieren, dafür zu sorgen, dass das umgesetzt wird, was die Geschäftsleitung ausgeklügelt hat, dass das Umsatzsoll erreicht wird und dass die Arbeitenden möglichst angespornt werden. Wie macht man das? Man sucht sich möglichst unerfahrene „Manager", die man noch „biegen" kann, hält firmeneigene „Ausbildungs- und Weiterbildungsseminare", macht sich NLP zu Nutze, um die Menschen hochleben zu lassen, ihnen das Gefühl zu geben, dass sie sehr wertvoll sind, dass der Konzern ihre Familie ist, gibt ihnen „Zuckerln" wie Laptop, Handy, Autos, als Zeichen der Wertschätzung und macht sie so abhängig von ihrem Arbeitsplatz. Dafür gibt es einen Vertrag mit Überstundenpauschale und sie werden alles tun, um zu arbeiten bis der Arzt kommt. Nicht selten haben diese Menschen dann nach 3 bis 5 Jahren ein Burnout, befinden sich zwischen 30 und 40 in der brutalsten Krise ihres Lebens, werden dann fallen gelassen und ersetzt. Auch auf diesen Arbeitsplätzen wird niemals direkt etwas Negatives aus- oder angesprochen. In Klein- oder mittelständischen Unternehmen kann es zwar sein, dass einem ein Chef oder eine Chefin einmal geradeheraus sagt, dass man gerade einen echten Mist gebaut hat, aber man hat so die Möglichkeit, es nächstes Mal besser zu machen, weil man ja auf den Punkt genau weiß, wo der Fehler liegt. Lernen mit Kritik umzugehen ist überaus wichtig.

Aus Fehlern lernt man. Und genau so sollte man konstruktive Kritik auch betrachten. Diese Fähigkeit beschert einem innere Stärke, trägt zur Persönlichkeitsbildung bei und macht mutig.

Es ist kein persönlicher Angriff jemanden auf etwas aufmerksam zu machen. Man kann es genauso gut als Ansporn, Motivation, Freundlichkeit und Interesse an der Person sehen und dankbar sein, dass man ein Gegenüber hat, von dem man noch etwas lernen kann.

Sich immer nur mit Menschen zu umgeben, die gleich denken, die einem nach dem Mund reden und die einen anhimmeln, schwächt und hemmt die Weiterentwicklung.

„Es ist besser, seine Zeit mit Leuten zu verbringen, die besser sind als Du selbst. Such Dir Partner, deren Benehmen besser ist als Dein eigenes, die über mehr Wissen verfügen als du selbst, und Du wirst Dich in jene Richtungen entwickeln."
Warren Buffett

Nun möchte ich ein in sozialen Netzwerken extrem beliebtes, aber oft nur einseitig verstandenes Zitat einmal von einer anderen Seite beleuchten.

„Umgib dich nicht mit Menschen, die dir nicht guttun."

Was machen die meisten, die sich durch dieses Zitat bestätigt fühlen? Erst einmal alle Menschen, die ihnen nicht nach dem Mund reden oder zu Denkansätzen auffordern, die vielleicht im ersten Moment unbequem sind, weil da vielleicht bei einem selbst ein wunder Punkt oder Defizit herrscht, entfreunden, blockieren, denunzieren, und der festen Überzeugung sein: Das habe ich nicht notwendig!

Aber ist das auch die Aussage dieses Zitates? Kann es nicht auch zum Anstoß genommen werden, sich zu überlegen, durch welche Begegnungen, die man bisher in seinem Leben hatte, man etwas dazugelernt, sich weiterentwickelt hat, stärker geworden ist oder sich positiv verändert hat? Würde man diesen Gedankengang zulassen, käme man zu der Erkenntnis, dass gerade Tiefschläge und Menschen, die einen durch ihr Verhalten herausfordern, in die eigene Stärke zu gehen, im Nachhinein gesehen, ziemlich gutgetan haben. Auch wenn sie einem vielleicht einiges abverlangten. Wir alle wachsen an solchen Begegnungen.

Im Übrigen ist dieses Löschen von Kontakten, blockieren, wegdrücken, nicht lesen von Nachrichten, etc. von außen betrachtet ein extrem asoziales Verhalten. Es macht die Menschen stumpf. Genau betrachtet, gibt man dem Gegenüber keine Möglichkeit seinen Standpunkt oder seine Sichtweise der Problematik darzulegen. So verletzt man nicht nur sinnlos jemanden, sondern trägt dazu bei, dass die Menschen, man selbst eingeschlossen, sich nicht weiterentwickeln, die für die Persönlichkeitsentwicklung wichtige Diskussionsfähigkeit verkümmert und es verursacht, dass keiner mehr fähig ist, in die Tiefe zu gehen. So kann auch keine ehrliche innige Freundschaft, geschweige denn eine gesunde Beziehung entstehen. Es führt zu einem oberflächlichen „Irgendwas", wo keiner mehr sagt, was er wirklich denkt – wenn er überhaupt noch selbst denkt und nicht einfach nur den Mainstream für sich denken lässt und dann fremdes Gedankengut übernimmt – und am Ende führt es dazu, dass die Gesellschaft und somit jeder Einzelne innerlich leer wird und vereinsamt.

Und da ist der Punkt, wo die erfinderischen „Experten" ihren Umsatz wittern.
Schreiseminare, Lachseminare, Kuschelseminare und sonstiger Irrsinn werden angeboten und die schon völlig neben sich stehenden, leeren vereinsamten Menschen, die teilweise Überstunden machen, um die völlig überzogenen Preise überhaupt bezahlen

zu können, rennen in Scharen hin, weil es gerade ein Hype ist und unheimlich guttut. Die Veranstalter werden gehuldigt und das nächste Seminar wird gebucht. Man lässt sich seine Persönlichkeitsentwicklung wirklich etwas kosten. Denn was teuer ist, bringt einen ja auch weiter. Es muss einfach so sein. Sonst würden es ja nicht so viele in Anspruch nehmen.

Niemand kommt auf die Idee, dass er Zeit und Geld vielleicht in echte Freundschaften, echte Beziehungen und ein echtes Miteinander investiert? Einen kleinen, soliden, echten Freundeskreis kann man mit nichts auf der Welt kaufen. Nichts ist heilsamer als Kuscheln, Umarmungen und Gespräche mit echten Freunden und dem Partner. Das ist wertvoll, unbezahlbar und genau DAS hilft. Echte Freunde hören dir zu, bei echten Freunden kann man weinen, lachen, schreien, verzweifeln und sie werden einen dafür umarmen. Da fließt echte Energie, die Kraft und Geborgenheit gibt. Heilenergie. Echte Freunde bringen einen in der schlimmsten Situation noch zum Lachen. Echte Freundschaften entwickeln sich. Sie entstehen durch ein Miteinander an erlebten Höhen und Tiefen, an Diskussionen, an gegenseitigem Verständnis. Sie wachsen und Menschen wachsen zusammen. Diese Freundschaften halten aber dann auch ein Leben lang.

Und zu diesen Kuschelseminaren möchte ich noch etwas anmerken. Die Nachwirkungen sind nicht zu unterschätzen. Mit irgendjemand wildfremden zu kuscheln, zu dem man null Beziehung hat, führt dazu, dass es sich erstens einmal überhaupt nicht richtig anfühlt, es ist maximal eine kurze Befriedigung, so als würde man aus Frust shoppen gehen. Es gibt keine Heilenergie und man verlernt dadurch sein eigenes Gespür dafür, mit wem man wirklich das Bedürfnis hat zu kuscheln, weil es sich gut und geborgen anfühlt und welchen Menschen man eigentlich nicht so nah sein will. Dieses nicht mehr differenziert und richtig fühlen Können, kein Gespür mehr für seinen eigenen Körper und seine selbstgewählten Seelenverbindungen zu haben, führt nicht selten zu depressiven Verstimmungen.

Es gibt noch unzählige Beispiele, in denen wir uns durch unser Leben von selbst wegbewegen, weil wir glauben, keine Wahl zu haben.

Man hat immer eine Wahl. Man muss sie nur SEHEN. Und das geht nur durch Lebenserfahrung und Interesse am Leben und an den Menschen.

Jeder von uns ist individuell, jeder hat einen anderen Seelenwunsch, der ihn glücklich macht. Niemand kann einem sagen, wo man hinmöchte. Das muss jeder selbst für sich herausfinden. Und wenn man ein Ziel erreicht hat und zu dem Schluss kommt, dass einem das Erstrebte doch nicht so zusagt, dann ist man um eine Erfahrung reicher. Nun kann jeder den Weg zu einem neuen Ziel in Angriff nehmen. Wieder ein Weg voller Abenteuer, Hürden, Fröhlichkeit, Lebenserfahrung, Horizonterweiterung, neuen Menschen und so weiter.

Gönn dir das reale Leben – fernab der virtuellen Wirklichkeit. Sei mutig und glaube an deine eigene Kraft. Angst ist ein schlechter Berater, und Bequemlichkeit macht „lebensfaul". Du wirst es dir danken.

SCHLUSSWORT

Ich habe lange überlegt was ich dir für dich und dein Leben zum Abschluss dieses Buches wünsche.

Wünsche ich dir ein Leben voller Glückseligkeit? Soll ich dir wünschen, dass all deine Wünsche in Erfüllung gehen oder du das bekommst wonach du dich sehnst? Ist es viel Geld das ich dir wünschen soll oder ist es Gesundheit oder ewiges Leben?

Nein ist es für mich nicht.

Ich wünsche dir, dass du dir erlaubst der Mensch zu sein, der du bist, dich zu erkennen, dich anzunehmen, mit all deinen Ecken und Kanten, Fehlern und Unzulänglichkeiten, allen ach so liebenswerten Eigenschaften, einem herzlichen und von Herzen kommenden Lachen und vor allem wünsche ich dir Frieden im Herzen und ein klein wenig Mut „es anzupacken".

QUELLENNACHWEIS

Quellennachweis[1]
http://investmentpunk.com/blog/35-jahre-alt-und-zu-alt-fuer-den-arbeitsmarkt/)

Quellennachweis[2]
http://www.zeit.de/kultur/2014-10/karen-duve-interview-buch-warum-die-sache-schiefgeht

Die Autorin

Unsere Autorin Susi Regalino hat schon vieles ausprobiert und erlebt. 1966 zur Welt gekommen, hatte sie schon immer ein Gespür für die Psyche ihrer Mitmenschen. Ihre vielseitigen Interessen lebte sie schon früh aus, indem sie bereits in der Schule mit dem Schreiben begann, viel las und auch reiste. Selbst bezeichnet Regalino sich als Lebenskünstlerin und liebesfähige Optimistin. Das lässt sie auch in ihrem Werk mitschwingen, denn obwohl sie bei so einigen Entwicklungen schwarzsieht, behält sie die Hoffnung auf Besserung der Menschen und teilt ihre Ratschläge gerne mit dem Leser.

novum VERLAG FÜR NEUAUTOREN

Der Verlag

„ *Wer aufhört besser zu werden, hat aufgehört gut zu sein!*

Basierend auf diesem Motto ist es dem novum Verlag ein Anliegen neue Manuskripte aufzuspüren, zu veröffentlichen und deren Autoren langfristig zu fördern. Mittlerweile gilt der 1997 gegründete und mehrfach prämierte Verlag als Spezialist für Neuautoren in Deutschland, Österreich und der Schweiz.

Für jedes neue Manuskript wird innerhalb weniger Wochen eine kostenfreie, unverbindliche Lektorats-Prüfung erstellt.

Weitere Informationen zum Verlag und seinen Büchern finden Sie im Internet unter:

w w w . n o v u m v e r l a g . c o m